Boris Cyrulnik

¡No al totalitarismo!

Colección
Resiliencia

Otros títulos de Boris Cyrulnik publicados en Gedisa:

Psicoecología
El entorno y las estaciones del alma

Cuando un niño se da muerte
¿Cómo entender el suicidio en la infancia?

Me acuerdo...
El exilio de la infancia

Escribí soles de noche
Literatura y resiliencia

Los patitos feos
La resiliencia: una infancia infeliz no determina la vida

Psicoterapia de Dios
La fe como resiliencia

(Super)héroes
¿Por qué los necesitamos?

¡No al totalitarismo!

Libertad interior y sumisión confortable

Boris Cyrulnik

Título original en francés:
Le laboureur et les mangeurs de vent. Liberté intérieure et confortable servitude
© Odile Jacob, 2022

© De la traducción: Alfonso Díez, 2022
Corrección: Marta Beltrán Bahón

Cubierta: Juan Pablo Venditti

Primera edición: 2022, Barcelona

Derechos reservados para todas las ediciones en castellano

© Editorial Gedisa, S.A.
www.gedisa.com

Preimpresión:
www.editorservice.net

ISBN: 978-84-18914-88-1
Depósito legal: B 15309-2022

Impreso por Sagrafic

Impreso en España
Printed in Spain

Queda prohibida la reproducción total o parcial por cualquier medio de impresión, en forma idéntica, extractada o modificada, en castellano o en cualquier otro idioma.

Índice

Preparar a los niños para la guerra	9
Amar a un bastardo	17
Contando lo imposible.	21
Hacer carrera de víctima o dar sentido a la desgracia . . .	25
Aprender a ver el mundo	31
Explorar el mundo o jerarquizarlo.	39
Afrontar	45
Abusiva claridad.	49
Pensar por uno mismo.	55
Amar para pensar.	61
Delirar según la cultura	65
Creer en el mundo que inventamos.	71
Colorear el mundo que percibimos	79
Dar forma verbal a la realidad y a lo que sentimos	85
Hablar para ocultar lo real	93
Someterse para liberarse	101
Organizar el mundo exterior para estructurar el mundo interior	111
Participar en el sexo y la muerte	119

Delirar, todos juntos	125
Bendita alienación	131
El poder del conformismo	141
Imitar es estar con	147
Epidemias y nubes de creencias	155
Dejarse llevar por un crimen de masas	159
Publicar lo que se desea creer	169
Dudar para evolucionar	177
Escuela y valores morales	181
Elegir nuestros pensamientos	187
Apego y razones	195
Anomia afectiva y verbal	203
Someterse a la autoridad	207
Glaciación afectiva	215
Libertad interior	221

Preparar a los niños para la guerra

En cuanto fueron derrotados, los terribles superhombres se convirtieron en agradables compañeros. Tenía siete años cuando fui testigo de esta metamorfosis. En 1941, el ejército alemán había entrado victorioso en Burdeos. ¡Fue magnífico! Un desfile impecable, las hileras de cascos y armas daban una irresistible impresión de poder. La belleza de los caballos coronados con plumas rojas, la música marcial, los tambores hipnotizantes daban una impresión de fuerza formidable. A mi alrededor, la gente lloraba.

Tras cuatro años de ocupación, detenciones en la calle, redadas de madrugada, interrogatorios y patrullas, los alemanes se refugiaron en Castillon-la-Bataille. Tomaron la ciudad, colocaron centinelas en los puntos de observación e instalaron barricadas en las entradas.

Los combatientes de la Resistencia, los FTP[1] comunistas y las FFI[2] gaullistas se coordinaron por una vez y rodearon al batallón alemán. En 1944, el oficial ya sabía que el nazismo había perdido la guerra y que cualquier combate tan sólo podía causar muertes inútiles. Depuso las armas para proteger a sus hombres. Las palabras que oí significaban «rendición», en lenguaje

---

1. FTP: Francs-Tireurs et Partisans, combatientes de la resistencia comunista.
2. FFI: Fuerzas Francesas del Interior.

llano: «¡Ah, a paseo la guerra!». Y el capitán firmó. Entonces los temidos superhombres se convirtieron en simpáticos campesinos. Cuando se rindieron, vi a miles de soldados desaliñados marchando con la cabeza gacha, en fila, vigilados por una docena de niños mal armados que los concentraron en la plaza del pueblo. Aquellos superhombres, sucios, sin afeitar, con las camisas desabrochadas, miraban al suelo sobre el que se sentaban, sin decir nada, inertes.

Cuando se firmó el armisticio, los orgullosos soldados se convirtieron en «prisioneros de guerra» y, descamisados, fueron a trabajar con los agricultores que los acogieron. Cuidaban de las viñas, se ocupaban de los animales y charlaban con los transeúntes. Saludaban a los niños, decían palabras en francés o en alemán, ya no me acuerdo, pero pude comprobar que aquellos hombres ya no eran temibles. Hablaban con una sonrisa y acudían a recoger la fruta a la que nosotros no llegábamos.

Una simple frase, «la guerra ha terminado», unas pocas palabras en un papel con una firma, fueron suficientes para transformar las mentalidades. Ya no se temía a los alemanes. Los combatientes de la resistencia los protegían de insultos y escupitajos, pidiendo a los agresores franceses que mostraran algo de dignidad. En mi mente infantil, pensé que era posible odiar, matarse legalmente y, de repente, cambiar de mentalidad. Sólo hacía falta una palabra para ver el mundo de otra manera. Es en la infancia cuando se plantean los problemas fundamentales con los que luego construimos nuestra vida. Con los años descubrimos que dos o tres palabras son suficientes para dar un nuevo enfoque a nuestra existencia.

No era un buen momento para venir al mundo. Sebastián nació en Berlín en 1907 y yo en Burdeos en 1937. Tuvimos la misma infancia. Nuestros países se preparaban para la guerra y el relato que nos rodeaba nos mantenía encerrados en un bando. No podíamos hablar con nuestros contemporáneos, hablábamos un idioma diferente. Escuchamos nuevas expresiones:

«compromiso fanático, hermanos de raza, vuelta a la tierra, degenerados, subhumanos».[3]

Cuando entré en el mundo de los relatos a los cinco años, mi madre me dijo: «No debes hablar con los alemanes, podrían meternos en la cárcel». Cuando las palabras son armas, callas para protegerte. La noche del 10 de enero de 1944, tenía seis años cuando me arrestaron. De repente me enteré, por las palabras del oficial de la Gestapo, de que yo pertenecía a un grupo de peligrosos subhumanos que debían ser asesinados en nombre de la moral.

Al final de la Primera Guerra Mundial, mi amigo Sebastián, de 11 años, fue testigo del nacimiento de «la generación nazi, aquellos niños que habían visto la guerra como un gran juego, sin que ésta perturbara en lo más mínimo su realidad».[4] Se habían maravillado con historias de heroísmo, batallas infernales, sacrificios redentores y matanzas extáticas. ¡Qué grandeza de espíritu, qué belleza! Los otros, que habían vivido la realidad de la guerra, los días sórdidos, el sufrimiento silencioso, la humillación de los hambrientos, el dolor del luto, el desgarro de las almas heridas, prefirieron callar para que su memoria no sangrara.

Sebastián y yo asistimos atónitos a dos discursos apasionantes: el vigor del nazismo en los años 1930 y la generosidad del comunismo después de 1945. En nuestra experiencia de niños iniciados en la guerra y en la proximidad de la muerte, ya habíamos comprendido que dos idiomas regían el mundo mental de los hombres. Uno que subía hasta el cielo, creando imágenes estéticas u horribles, envuelto en palabras que nos daban fiebre: «heroísmo... victoria del pueblo... pureza... mil años de felici-

---

3. Haffner, S., *Histoire d'un Allemand. Souvenirs (1914-1933)*, Actes Sud, Arlés, 2002, pág. 127.

4. *Ibid.*, pág. 36.

dad... el porvenir que canta». Estas palabras ardientes nos alejaron de la realidad.[5] Sebastián (once años en 1918) y yo (ocho años en 1945) preferíamos las palabras que proporcionaban un placer discreto, laborioso, vacilante, el de los exploradores que, al descubrir el mundo, saborean lo real. El énfasis que conduce a la utopía se opone al placer de los labradores que descubren la riqueza de lo banal. Los amantes de lo grandioso no se preocupan por las preguntas inquietantes, prefieren la coherencia extática que los aísla de la realidad y mantiene la «lógica del delirio»,[6] un delirio metódico tan luminoso que ciega el pensamiento al impedir la duda, al prohibir el cuestionamiento que diluiría la felicidad del delirio lógico.

Los niños son el blanco perfecto de estas afirmaciones demasiado claras porque necesitan categorías binarias para empezar a pensar: todo lo que no es bonito es malo, todo lo que no es grande es pequeño, todo lo que no es hombre es mujer. Gracias a esta claridad abusiva, adquieren un apego seguro a mamá, papá, la religión, los amigos del colegio y al campanario del pueblo. Ésta es la base para adquirir una primera visión del mundo, una certeza clara que les da confianza en sí mismos y les ayuda a ocupar su lugar en su familia y su cultura.

Atención: esto es tan sólo un punto de partida. Cuando esta base se consolida, se detiene la búsqueda de otras explicaciones y se convierte en un pensamiento de clan, una certeza sin negociación: «esto es así y no hay otra... hay que estar loco para no pensar como yo». Una convicción desproporcionada que aumenta la confianza en sí mismo y que detiene el pensamiento, como en los fanáticos. A medida que estas creencias se repiten, el cambio deja de ser posible. El pensamiento de clan asegura la

---

5. Woodstrom, A., *War Child. Growing up in Adolf Hitler's Germany,*, McCleery & Sons, Nueva York, 2003, págs. 37-42.

6. Arendt, H., *Le Système totalitaire*, Seuil, col. «Points Essais», París, 2005. [Trad. cast.: *Los orígenes del totalitarismo*, Alianza Editorial, Madrid, 2006].

personalidad, exalta el alma y hace locamente felices a los que se preparan para la guerra contra los que no piensan como ellos. Las guerras de creencias son inexorables.

Para empezar la aventura humana es necesario adquirir confianza en uno mismo. Esta necesidad ha sido utilizada por todos los regímenes totalitarios: «Os diré la verdad, la única verdad», dice el Salvador. «Sígueme, obedece. Esto te dará la gloria de hacer feliz a la gente de tu clan». Es difícil no creer en este mandato. «La infelicidad proviene de quienes se oponen a nuestra felicidad», añade el Salvador. «Los que piensan diferente. Los que creen en otros cielos quieren nuestra desgracia porque perturban nuestras certezas».

Cuando los regímenes dictatoriales se apoderan de las almas jóvenes, no es raro ver a hijos enfrentarse a sus padres, quienes, con sus dudas, preguntas y matices, echan a perder su entusiasmo y estropean sus sueños: «Estaba enfadado con papá y no podía entender por qué se negaba a afiliarse al Partido Nazi, que tanto había dado a toda la familia».[7] La pequeña Annelée estaba cautivada con las chicas de las Juventudes Hitlerianas, todas tan altas. «Me gustaría ser mayor para llevar el mismo uniforme que mis primas Erna y Lisl».[8] Preparan fiestas, recitan poesía y yo, por culpa de mis padres, me veo privada de estas alegrías.

El mundo mental de un ser humano está en constante expansión a lo largo de su vida, desde la fecundación hasta la tumba. Cuando el cerebro empieza a formarse en el útero, en las primeras semanas de gestación, sólo procesa la información más cercana. Las hormonas del interior del cuerpo del embrión interactúan con las del cuerpo de la madre para que los órganos se especialicen. Al final del embarazo, el mundo del feto se amplía al percibir las emociones maternas mediadas por las sustancias

---

7. Woodstrom, A., *War Child. op. cit.* pág. 3.
8. *Ibid.*, pág. 23.

de su estrés (cortisol, catecolaminas) o de su bienestar (endorfinas, oxitocina). Tras el nacimiento, los bebés perciben algunas partes del cuerpo de la madre (el brillo de los ojos, la voz, el tacto) asociados a otra figura de apego cercana y diferente, un segundo progenitor llamado «padre». Cuando el niño entra en el mundo de las palabras, en el tercer año de vida, su mundo mental se amplía aún más. Primero las palabras designan objetos del entorno (pelota... biberón) cada vez más distantes (los primeros paseos). Alrededor de los cinco o seis años, cuando su cerebro permite la representación del tiempo, el niño alcanza la edad de los relatos. Entonces es capaz de hacer frases que representan cosas, acontecimientos o entidades imposibles de percibir: una batalla perdida hace mil años, una relación personal maravillosa o vergonzosa. Las historias que le rodean contribuyen a su identidad («nos remontamos a San Luís»), a su orgullo («soy bretón»), a su vergüenza («mi padre colaboró con el nazismo») o a su delirio lógico («pertenezco a la raza superior porque soy rubio con ojos azules»). Es en esta etapa del desarrollo cuando el niño se adhiere a las creencias de aquellos que protegen y tutelan su desarrollo. Se impregna de los valores de aquellos a quienes está unido. Cuando los relatos de los padres son coherentes con los relatos colectivos, el joven continúa su desarrollo, pero cuando se produce una discordancia entre los relatos de los hijos y los de sus padres, cuando otras instituciones ofrecen representaciones divergentes en la escuela, la iglesia, el partido político o la secta, los desacuerdos disocian los lazos familiares de quienes ya no comparten las mismas creencias. Esto es lo que le ocurrió a la pequeña Annelée, que soñaba con unirse a las Juventudes Hitlerianas, aunque sus padres se oponían a ello.

Alrededor de la edad de siete a diez años, una cultura totalitaria puede dar al niño lo que espera ofreciéndole gratificaciones maravillosas: «Me pondré el uniforme de Erna y Lisl, bailaremos y daremos a luz a niños rubios que darán a nuestro pueblo mil años de felicidad». Cuando un relato cultural de este tipo se apodera del alma de los niños, cualquier reflexión, cualquier cuestionamiento tiene el efecto de romper el encanto. Cuando estos jóvenes son poseídos por un discurso totalitario, no dudan en ir a la comisaría a denunciar a sus padres, como hicieron los hijos de las juventudes de Hitler o los jóvenes yihadistas. Cuando el mundo mental de los niños es congruente con el de sus padres, la oposición a la narrativa totalitaria los convierte en cómplices. Violetta era médico en Timisoara. Se casó con un compañero de estudios. Durante la época de Ceauşescu (1918-1989), en Rumanía sólo se reconocía el matrimonio civil. Llegaron dos niñas al matrimonio, pero Violetta, creyente ortodoxa, no se sentía realmente casada ante Dios. Entonces su marido le propuso una excursión por los Cárpatos, donde encontrarían una capilla y un sacerdote. Las niñas no eran religiosas, pero les resultaba insoportable tener que llevar un número en una manga de su blusa que les delataría si alguien las veía entrar en una iglesia. Cualquiera podía llamar a la comisaría de policía y, sin mediar palabra, decir los números. Al día siguiente, los padres habrían sufrido represalias administrativas: más guardias, controles constantes, imposibilidad de viajar. Las niñas brincaron durante la ceremonia religiosa, guardaron el secreto porque aquella transgresión compartida había unido a la familia en oposición al régimen de Ceauşescu.

Amar a un bastardo

Durante la Liberación de Francia en 1945, muchos niños descubrieron que, durante la guerra, sus padres habían colaborado con los ocupantes nazis. Les resultó difícil adaptarse a relatos contradictorios: «En mi relato familiar, yo quería a mi padre, que tenía una fuerte presencia, pero en el relato colectivo, descubrí que era próximo a Jacques Doriot»,[1] así pensaba la pequeña Marie.[2] A los ocho años, asiste atónita al éxtasis de su madre en una reunión política en la que Doriot, diputado comunista y alcalde de Saint-Denis, enardece a la multitud y la convence de fundar el PPF (Partido Popular Francés), que colaborará con el nazismo y se unirá a la LVF (Legión de Voluntarios Franceses contra el Bolchevismo) de las Waffen SS.

¿Te has preguntado alguna vez cómo un niño puede amar a un canalla? Lo único que tienen que hacer es ignorar el hecho de que es un canalla y encariñarse con un papá que es bueno en casa y que se llama Mengele, Himmler o Stalin. «Papá quería que me fuera bien en la escuela», decía la hija de Pol Pot. No podía saber que su «querido papá» acababa de cerrar las universidades y de deportar a los profesores. La pequeña Alessandra Mussolini creció inmersa en historias que glorificaban a su abuelo, Benito el fascista. ¿Cómo no iba a sentirse orgullosa?

---

1. Jacques Doriot fue un político comunista francés que a partir de 1934 escoró hacia posiciones fascistas.
2. Chaix, M., *Les Lauriers du lac de Constance. Chronique d'une collaboration*, Seuil, col. «Points», París, 2012.

Kira Allilouïeva vivió una infancia de cuento cuando los responsables de las purgas, los crímenes y las deportaciones jugaban con ella antes de firmar unas cuantas sentencias de muerte. Toda su vida quiso a su tío Stalin, que formaba parte de la familia. Recordaba a la gente hambrienta pidiendo comida, se sorprendió cuando detuvieron a su madre Genya, no entendió por qué ella, una joven actriz despreocupada, acabó en la cárcel. Nunca estableció una conexión entre el tío Stalin, que era tan amable con ella, y las tragedias que había visto en la calle. Mao Xinyu, nieto de Mao Zedong, escribió libros en alabanza de su abuelo. Raghad, la hija mayor de Saddam Hussein, dijo: «Estoy orgullosa de que este hombre sea mi padre».

Otros niños odiaban a sus padres incluso antes de saber que eran unos criminales. La hija de Castro no sabía que Fidel era su padre, ya que nunca estaba en casa y su madre ni siquiera pronunciaba su nombre. Hasta los doce años no le dijeron que Fidel Castro era su padre. El pequeño Niklas Frank no necesitó enterarse de que su padre había quemado a los supervivientes del gueto de Varsovia con un lanzallamas (abril de 1943), sólo tuvo que creerse las terribles historias que su madre le contaba.[3] El amor o el odio de estos padres criminales no dependió de la realidad, sino que se basó en lo que se decía en su entorno.

Cuando un niño se desarrolla, primero siente la presión del cuerpo de su madre y de sus emociones. Hacia el tercer año, cuando tiene acceso al habla, y hacia el sexto, cuando tiene acceso a los relatos, el niño habita el mundo de las palabras que oye a su alrededor. Por eso aprende la lengua materna con facilidad y se adhiere a sus creencias. A todos nos influye lo que cuentan las personas de nuestro entorno. Sólo en la medida en que continuamos nuestro camino hacia la autonomía alcanzamos un

---

3. Clarens, K.; Hofstein, C. *et al.*, dosier «Mon père était un dictateur», *Le Figaro Magazine*, 17 de junio de 2006, págs. 35-40.

grado de libertad interior. Entonces podemos juzgar, evaluar, interiorizar o rechazar los relatos que se nos ofrecen. Algunos están tan desesperados por pertenecer a un grupo, como hacían con su madre, que interiorizan estos relatos y evitan juzgarlos. Cualquier crítica afectaría a esta reconfortante necesidad de pertenencia. Otros, por el contrario, han adquirido tal confianza en sí mismos, gracias a la seguridad que les ha proporcionado su madre, que se atreven a intentar la aventura de ser autónomos. Los que desean pertenecer disfrutan recitando las historias de la *doxa* como certidumbres deliciosas, en un éxtasis que les permite sentirse seguros en la «lógica de la sinrazón» de la que hablaba Hannah Arendt.[4] Pero los que prefieren seguir explorando por su cuenta y no de acuerdo con lo que les han contado, adoptan la estrategia del labrador. Chocan con las piedras, huelen el olor de la arcilla y experimentan el placer de entender anclados en el mundo real. A sus antípodas, la felicidad del extático deleita su mente y la transporta fuera de sí misma, hacia divagaciones sin fundamento llamadas «delirios lógicos». La felicidad de los labradores elabora un saber que se experimenta sensorialmente, se toca, se palpa, se escucha, como hacen los que están en el campo, mientras que el éxtasis deleita el alma y la lleva hacia la utopía.

Estos modos de conocimiento son antagónicos. Los extáticos, sometidos a relatos incorpóreos, desean morir por una entidad invisible definida por palabras sagradas, mientras que los labradores son incapaces de someterse a una representación pura que diga la verdad total. Saben que a veces la tierra está seca, pero que también puede enfangarse, les gusta matizar lo que la imperfecta vida real les presenta.

---

4. Arendt, H., *Le Système totalitaire*, op. cit.

Contando lo imposible

Desconfío de las ideas claras, las encuentro abusivas. No me gustan las ideas oscuras, uno se confunde en la oscuridad. ¿De dónde me viene esta forma de buscar el saber? Cuando un niño de siete años llega a la edad de la filosofía, las palabras que oye le hacen ver un mundo y las historias que le rodean iluminan ciertas escenas en el teatro de su vida cotidiana. Cuando el niño dice lo que piensa, da forma verbal más bien a lo que siente, en lugar de a lo que es.

Cuando tenía siete años, me condenaron a muerte por un crimen que desconocía. Sabía que no era una fantasía infantil del mundo, era una sentencia real. Una noche de enero de 1944, me despertaron hombres armados, rodeados de soldados alemanes que hacían de centinelas en el pasillo. Los siete años es la edad en que el pensamiento puede representarse la muerte, cuando el niño comprende que una representación del tiempo conduce a un final, a un inexorable no retorno.

Mi familia ya había desaparecido, mi padre en la guerra, y mi madre cuando me internó en una institución el día antes de su detención. Ella también había desaparecido. Mis padres se desvanecieron. Mi familia se evaporó. No podía ver a mis amigos. Solo, entre una multitud de desconocidos, encarcelados todos en la sinagoga de Burdeos transformada en prisión, rodeados de alambre de espino y soldados que nos apuntaban con sus fusiles.

¿Cómo puede uno entender esto a los siete años? ¿Cómo no quedar aturdido por un peligro enorme, incomprensible, sin sentido, que mata no se sabe muy bien por qué? De repente, te sientes mejor cuando esta frase ilumina el mundo: «Los alemanes son unos bárbaros que sólo piensan en matar». Esta ilusión de comprensión despierta un mundo psíquico aturdido por la agresión. ¿Por qué todo un batallón para meterme en la cárcel? ¿Por qué está bloqueada la carretera por soldados armados? ¿Por qué el alambre de espino? ¿Por qué matarnos? ¿Cómo debemos comportarnos con estos bárbaros? ¿Matarlos? Soy demasiado pequeño. Huir es la única salida.

Así todo queda claro, me siento mejor, pero es falso. Durante años hice de este recuerdo objeto de reflexión. Debería haber escrito: «Lo convertí en objeto de rumiación». Seguía dándole vueltas a la escena de mi detención y el espectáculo íntimo de mi huida. Las imágenes volvían, siempre las mismas, se imponían como un escenario inquietante que daba forma a una pregunta: «¿Por qué matarme?».

Era imposible hablar de ello. Los adultos me hacían callar para protegerse: «Ya se acabó... contrólate... piensa en otra cosa...». Me resultaba imposible dejar de pensar en ello, pero no podía decirlo. Una vez incluso hice que se rieran a carcajadas cuando relaté la escena de mi sentencia de muerte, cuando un oficial mandaba a una mesa a los que iban a trabajar a Alemania, y a otra mesa a los que iban a ser asesinados: «Pero de dónde sacas todo esto... ¡cuentas cada historia!».

Después de la Liberación, con ocho años, recuerdo que pensé: «Los adultos no pueden ayudarme, tengo que arreglármelas yo solo para entender qué fue lo que mató a mis padres y destrozó mi infancia. Para dar sentido a lo sin sentido, tengo que poner en orden estas imágenes que se imponen en mi alma». No lo pensaba con estas palabras, por supuesto, pero hoy me sirven para ordenar mis recuerdos. Entonces encontré dos soluciones: «Cuando sea mayor, escribiré novelas en las que el héroe será mi portavoz. Será detenido como yo por la Gestapo, pero logrará escapar. Conocerá a personas maravillosas que le protegerán y le ayudarán a ser más fuerte que la muerte. Aplastará al ejército alemán y explicará al mundo: "Yo no merecía que me mataran"». Así rehabilitado, mi héroe podría vivir en paz.

Este escenario de fantasía me proporcionó un gran placer, pero no fue exactamente como yo esperaba. Al ordenar mis recuerdos para convertirlos en una experiencia compartible, volvía al mundo, me sentía aceptado, menos extraño, pero no era esto lo que yo quería. Me parecía que comprender el horror me permitiría controlar mejor al agresor. Tenía que convertirme en científico para luchar contra el nazismo. A mis once años, pensé que la ciencia me daría retazos de la verdad que usaría como arma para luchar contra los alemanes. Era lo que debía hacer para llegar a ser yo mismo. Esta aspiración me mostró el camino. El significado que le di al desastre de mi infancia cambió mi forma de sentir lo que me había ocurrido. Ya no era el horror desnudo de la brutalidad de los hechos, se convirtió en una representación agradable para escribir, un trabajo de comprensión que disfrutaba. Tenía que descifrar el misterio de la detención para convertirlo en escritura, para que la desgracia de morir se convirtiera en la felicidad de la comprensión.

Hoy sé que esta reacción defensiva (de legítima defensa) me protegía porque era delirante. Lo real estaba en ruinas. Mi familia de acogida, más afectada que yo, aturdida por la guerra y la persecución, guardó silencio para no despertar a los demonios. Cuando las historias traen el horror, sin transformarlo, la repetición de palabras hace sangrar a la memoria. Hablar hace sufrir, de modo que es mejor callar cuando nadie te escucha.

En la historia de mi vida, cada vez que confesaba mis sueños perdía amigos. Lo que les contaba era demasiado delirante, demasiado alejado de su idea de lo que sucedía. Y, sin embargo, mis sueños me salvaron de la loca realidad en la que era normal matar a un niño. Si hubiera sido alguien equilibrado, hubiera intentado amoldarme a la desgracia de mis allegados, supervivientes como yo. Habría compartido su tristeza, participado en su silencio, cargado de recuerdos imposibles de contar. Habría aprendido rápidamente cualquier profesión para permanecer cerca de ellos en una pena silenciosa interrumpida por tormentas.

Después buscaron razones que no eran razonables pero que daban forma verbal a la ilusión de entender: «Dices que echas de menos a tu madre, pero yo hice por ti lo que ella nunca hubiera hecho. Así me lo agradeces», y todos sufrían.

Afortunadamente, yo deliraba. Me refugiaba en un árbol hueco, que comunicaba con pasajes subterráneos donde me esperaban animales, bolas de afecto que no me juzgaban. Más tarde conocí en un libro a Rémi, un niño sin familia, abandonado, al que el Sr. Vitalis había enseñado a montar espectáculos callejeros, obras de teatro en las que los papeles principales eran interpretados por el perro Capi, sus dos amigos mestizos y el mono Joli-Coeur.[1] La compañía escenificaba, en la plaza del pueblo, los problemas de la vida cotidiana.

---

1. Malot, H., *Sans famille*, Belin, París, 1984.

Hacer carrera de víctima o dar sentido a la desgracia

Ya adolescente, descubrí la trilogía de Jules Vallès *El niño*, *El bachiller* y *El insurrecto*. Pensé que el autor estaba contando la historia de la vida a la que yo aspiraba. Una infancia constantemente herida, una dignidad recuperada gracias al diploma que daba un valor al niño-cubo de basura que yo era. El protagonista de la novela, Jacques Vingtras, que todavía estaba en el instituto, me explicaba que la insurrección era necesaria cuando uno había sido humillado por la sociedad. Sólo se podía recuperar la dignidad cuando la revuelta devolviera la confianza al niño-pedazo desgarrado por la existencia. Mi héroe, el «Insurgente», había sido enviado al concurso general, en el que los estudiantes seleccionados tenían que escribir desde las ocho de la mañana hasta las dos de la tarde. Se les permitía almorzar al mediodía, y Jacques Vingtras se hizo cocinar unas salchichas. Me encantaba esta escena, porque daba forma a un reconocimiento intelectual combinado con una transgresión. Salchichas cocinándose bajo los artesonados de la Sorbona. Quizás sea un falso recuerdo, pero representaba mi destino. Hice de él una representación memorable, porque esta situación me permitía pensar que un niño extraño, expulsado de la sociedad, todavía podía adentrarse en la aventura humana pagando el precio de un camino necesariamente marginal.

Otra fantasía embellecía mi mundo: el gusto por la ciencia. Yo creía que un acto científico descubría la verdad. Hoy pienso que un hecho científico es algo que hace un científico. No es una mentira, no es un error, es un trozo de mundo iluminado tanto por el método del investigador como por su alma. Cuando hablamos del alma de una casa, sabemos que las piedras no están animadas y, sin embargo, tenemos la impresión de que una fuerza inmaterial insufla a las paredes una vida imposible de percibir. El objeto de la ciencia no está más allá del investigador. La elección de una hipótesis habla de su historia y el método que construye su objeto provoca un sentimiento que puede definirse como una «contratransferencia del objeto de la ciencia».[1] Cuando un analizado expresa a su psicoanalista el amor o el odio que siente por él, el analista experimenta a su vez un afecto de seducción o de condescendencia, halagado o irritado por la transferencia. Cuando el trabajo clínico nos dice que los niños con carencias emocionales están destinados a convertirse en delincuentes, el investigador que ha obtenido este resultado puede extraer las consecuencias prácticas que desee. Puede defender los lazos familiares, hacer que las madres se sientan culpables o integrar estos datos en un enfoque político que pretenda castigar o educar a los futuros delincuentes.

En la época en que Jules Vallès[2] me había animado a expresar la visión marginal del mundo a la que me veía constreñido, leí una publicación científica que sostenía que una población de cachorros privados de vitamina B12 había producido adultos temerosos, mientras que los que recibieron una sobrecarga de estas vitaminas por parte del investigador se habían convertido en adultos audaces. Esta publicación, científicamente cuestionable, alimentó mi necesidad de creer que una infancia fallida podía ser reparada. Yo quería ofrecer la oportunidad de pensar

---

1. Devereux, G., *De l'angoisse à la méthode dans les sciences du comportement*, Flammarion, París, «Champs essais», 2012.

2. Vallès, J., *L'Enfant, le Bachelier, l'Insurgé* (trilogía 1859-1872), Omnibus, París, 2006. [Trad. cast.: *Trilogía de Jacques Vingtras: El niño, El bachiller, El insurgente*, ACVF-La Vieja Factoría, Madrid, 2016].

que no existe el destino, puesto que yo estaba rodeado de adultos que decían que uno no podía escapar de su destino biológico, mientras otros preferían hablar del destino social. El hecho científico es producido por un científico que no escapa a su visión del mundo y el lector interpreta el hecho según sus deseos no siempre conscientes.

Tanto la sensación del clínico como el ojo del embaucador son un conocimiento de labrador, menos científico y, sin embargo, a veces más preciso que el conocimiento del rebaño. Me decían que algunos niños eran de mala calidad, que en su cabeza no entraban las cosas, que crecían en un entorno insalubre que los destinaba a la cárcel debido a sus malos resultados escolares y a sus peleas constantes. Yo pensaba que, para escapar de esta maldición, todo lo que tenía que hacer era mantener la boca cerrada y mantener mi infancia en secreto. Hasta que un día, a los catorce años, tuve la oportunidad de vivir en una institución donde la mayoría de los niños eran huérfanos de guerra.[3] Louba, la directora, había trabajado en Polonia con Korczak, el pediatra y pedagogo que quería que la educación se llevara a cabo en una «República de los Niños».[4] La profesión de educador no existía en 1950, los llamados «monitores» contaban su propia historia, que podíamos cuestionar o criticar. A menudo contaban la apasionante y difícil historia del pueblo judío, hecha de constantes desgracias y de victorias contra la adversidad. El arte y el deporte organizaban las jornadas. Las dulces canciones en yiddish ya no daban tan mala suerte como durante la guerra; se podía hablar con seguridad y cantar con poesía. Los debates con los monitores estructuraron nuestras opiniones políticas y afir-

---

3. CCE, Commission centrale de l'enfance, fundada por Joseph Minc en 1945. Bianchi S., *Des larmes aux rires. Histoire et mémoires d'une organisation juive laïque progressiste. 1945-2020*, AACCE, París, 2021.

4. Janusz Korczak, educador médico, murió en Auschwitz en 1942 porque no podía soportar que los niños entraran solos en la cámara de gas.

maron nuestras tendencias artísticas. En pocos meses, la imagen que tenía de mi infancia opresiva, obligada a esconderse para poder vivir, cambió por completo. Ya no me avergonzaba de ser un niño-falta, un sin familia. La muerte de mis padres adquirió un nuevo significado. Mi padre en el ejército francés y mi joven tío en los FTP alimentaron historias de honor y resistencia al nazismo que hicieron sentirme orgulloso de ellos. La pequeña república de los niños en Stella-Plage había hecho nacer en mí un alegre sentido de pertenencia. Podía ser comprendido, sólo tenía que expresarme y ya no me sentía como un paria al que se le prohibía vivir.

Frente a la desgracia, descubrí dos estrategias de vida.

Hacer carrera de víctima, como la doxa de los años de posguerra nos animaba a hacer. «Los niños sin familia nunca pueden desarrollarse», se decía en una cultura donde el trabajo, la familia y la patria eran valores supremos.

La otra estrategia consistía en dar sentido a la desgracia formando parte de un grupo en el que cada uno trataba de entender lo sucedido para volver a la normalidad. Dar sentido al desastre permite la reconstrucción. Cuando la representación que desarrolla la persona herida por su trauma es coherente con las narrativas familiares y culturales que la rodean, el placer y el orgullo de reanudar la vida superan la desgracia de la mutilación.[5]

Por tanto, el trauma como objeto de la ciencia no está separado de la personalidad del investigador.[6] Casi se podría decir que toda visión del mundo es una confesión autobiográfica. Dime cómo ves el mundo y te diré cómo ha construido tu exis-

---

5. Carensapt, E.; Tousignant, M., «Immigrations and resilience: Making sense out of chaos», en D. L. Sam, J. M. Berry (eds.), *The Cambridge Handbook of Acculturation Psychology*, Cambridge University Press, Nueva York, 2006, págs. 471-473.

6. Devereux, G., *De l'angoisse à la méthode dans les sciences du comportement, op. cit.*

tencia el aparato con el que ves el mundo. Cuando escribes una novela en la que el protagonista cuenta tu historia, cuando construyes un objeto de ciencia para entender y dominar al agresor, vuelves a ser dueño de tu mundo íntimo. Ya no eres una ramita arrastrada por el viento, has ganado un grado de libertad.

Antes de que me detuvieran, quienes me protegían ocultándome me habían dicho: «No debes salir a buscar leche, un vecino podría denunciarte». ¿Así que la muerte podría venir de delatores desconocidos? Todos los sitios eran peligrosos. ¿Por qué pensé durante años en el soldado de uniforme negro, en la sinagoga convertida en prisión, que venía a sentarse a mi lado y me enseñaba una foto de su hijo pequeño, al que yo me parecía? Este recuerdo de la imagen me intrigó y me tranquilizó. De modo que la muerte no siempre venía de los alemanes, no había nada inexorable, se podía escapar de ella. Necesitaba este recuerdo para sentirme ligero, pero no podía compartirlo con los adultos de mi alrededor, porque ellos necesitaban la imagen de la barbarie nazi para expresar su indignación y señalar a los culpables.

¿Es mi recuerdo de aquel soldado de negro uniforme tan verdadero como me lo muestra mi memoria? Escapé escondiéndome bajo el cuerpo de una señora moribunda. La habían golpeado en el estómago con la culata de un rifle y sus entrañas, reventadas, se desangraban. Recuerdo que un médico militar entró en la ambulancia, examinó a la moribunda, me vio escondido debajo de ella y, dando la señal de salida hacia el hospital, me permitió vivir. Pero aquella señora no murió y, cincuenta años después, cuando localicé a su familia, ella había contado a Valérie, su nieta, que siempre se había preguntado qué había pasado con el niño que se había escondido debajo de ella. También reveló que la ambulancia era una furgoneta y que el capitán Mayer (¿Meyer?) había dicho: «No importa si muere aquí o en otro sitio, lo que importa es que muera». ¿Por qué quise creer que me había visto debajo de ella y que aun así había dado la

29

señal de partir? ¿Tal vez sea ella la que se equivoca al atribuir palabras francesas a un capitán alemán? También le contó a su nieta: «Aquel niño se ahogaba en mi sangre. ¿Por qué no me acuerdo de esto? ¿Mi necesidad de creer que la muerte no es inevitable era una esperanza ilusoria que me dio la fuerza para no someterme? Me gustaba recordar que aquel soldado, al dar la orden de partir, me había dejado vivir, demostrando así que el mal no es una fatalidad. Más tarde, me dije: «Podemos luchar contra el destino estudiando medicina para retrasar la muerte, también podemos tratar de comprender el mundo íntimo de los asesinos para desmontar sus certidumbres fanáticas».

Aprender a ver el mundo

Viktor Frankl estuvo a punto de nacer el 26 de marzo de 1905 en el famoso café Siller, donde su madre se puso de parto. Vino al mundo en la hermosa cultura vienesa de los intelectuales europeos. El recién nacido fue criado por una madre orgullosa de sus orígenes en una familia de escritores y médicos checos, en la que su tío Oskar Wiener, autor de cuentos fantásticos, frecuentaba el círculo de poetas de Praga. Fue allí donde Gustav Meyrink concibió la historia del Golem,[1] la criatura descrita en los salmos talmúdicos que lleva en su frente de arcilla la inscripción *Emet*, que en hebreo significa «verdad». No te dejes engañar por su claridad, porque si la lluvia o el sol borran la «e», la palabra «met» que indica «la muerte» quedará escrita en ella. Las palabras construyen el mundo mental de los seres humanos, que sin lenguaje sólo serían materia. El poder de las palabras es tan grande, nos dice el Golem, que el menor acontecimiento puede cambiar su significado y hacernos ver un mundo diferente. Viktor estaba inmerso en el mundo mental de una madre cálida y culta que sabía jugar con la polisemia cuando una palabra tiene varios significados. La palabra *secrétaire* se refiere, según el contexto, a un mueble o a un trabajo, y nadie se confunde. Por la noche, para dormir a Viktor, su madre le cantaba una canción: «Tranquilo, mi pequeño bichito»,[2] y el niño, relajado por la canción y la expresión

---

1. Meyrink, G., *El Golem* (1915), Flammarion G. F., París, 2003.
2. Frankl, Viktor E., *Recollections. An Autobiography*, Nueva York, Basic Books, 2000, pág. 19.

cariñosa «mi pequeño bichito», se dormía con total confianza. El apego de Viktor a su madre era intenso. Cada vez que la veía, no perdía la oportunidad de darle un beso. Sin embargo, tenía un ligero distanciamiento afectivo respecto a su padre, como ocurría con muchos de los padres en aquellos días.

En 1905, Viena fue llamada «la Roja» porque los socialdemócratas intentaron humanizar la industria construyendo viviendas confortables para los trabajadores y fomentando las artes populares. Como en todos los países de Europa Central, la gente cambiaba de país sin mudarse, y cambiaba de idioma en función de las decisiones políticas. Viena era multicultural, con polacos, alemanes, húngaros, italianos y judíos que se sentían felices y orgullosos de pertenecer a todas estas culturas. Klimt, en 1901, asombró al mundo de la pintura con sus colores vivos y extraños dibujos. La música de Schönberg ocupó su lugar junto a Haydn, Mozart, Beethoven y Liszt. Y, sobre todo, Freud y Stefan Zweig estaban entre los mayores innovadores del momento. Desde 1880, los pogromos en Rusia habían llevado a judíos extranjeros a Viena, donde se codeaban con los que, totalmente asimilados, se sentían ya austríacos. El antisemitismo de los pogromos y el caso Dreyfus en Francia (1894) fueron un regalo inesperado para el fundador del sionismo Theodor Herzl (1860-1904). Este periodista judío se sentía alemán hasta que se vio sorprendido por la tormenta antisemita. La gran mayoría de los judíos europeos, hostiles al sionismo, no tenían ningún sentimiento de «nacionalidad hebrea».[3] Querían luchar contra el antisemitismo en su propio país hasta que la Shoah les obligó a cambiar de opinión.

Un antisemitismo insidioso obstaculizaba el acceso a los puestos administrativos y académicos y a veces incluso excluía a los judíos, lo que paradójicamente evitaba que fueran educa-

---

3. Le Rider, J., *Les Juifs viennois à la Belle Époque*, Albin Michel, París, 2013.

dos en la escuela. Esta restricción «les dio una gran libertad de pensamiento y de expresión».[4] Cuando Freud, «en su primer año de universidad, se dio cuenta de que se esperaba que se sintiera inferior a causa de su "raza" [...] reaccionó desafiante [...] para no someterse al veredicto de la "mayoría compacta"».[5] Freud, un judío sin dios, podría haber hecho una carrera académica clásica de diploma en diploma. Prefirió labrarse su propio camino en lugar de someterse al relato que conducía a un título, pero sin estimular el pensamiento.

Stefan Zweig tuvo la misma reacción. Se consideraba un invitado activo de la cultura austríaca cuando escribió: «Es en Viena donde uno puede sentirse más fácilmente europeo y evitar la locura de un mundo fanático y nacionalista».[6] También Schönberg se creía un músico europeo cuando descubrió que era judío en 1921, el día en que el ayuntamiento lo excluyó de las salas de concierto.

Rudolf Höss nació en 1901 en la elegante ciudad de Baden-Baden, Alemania. Su entorno precoz consistía en una madre a la que el niño mantenía a distancia, y un padre que nunca estaba ahí, siempre de viaje de negocios. La primera infancia de Rudolf se caracterizó por una soledad deseada en una casa suburbana junto al bosque. Sus relaciones poco afectuosas en el hogar familiar son compensadas por un amor desmedido por los animales: «Me desarrollé como un niño solitario. Nunca fui más feliz que cuando jugaba solo. No soportaba que me miraran los demás».[7] Tenía cinco años cuando su familia se trasladó a Man-

---

4. Slezkine, Y., *Le Siècle juif*, La Découverte, París, 2008.

5. Gay, P., *Freud. Une vie*, Hachette, París, 1991, pág. 687. [Trad. cast.: *Freud, una vida de nuestro tiempo*, Paidós, Barcelona, 1990].

6. Heyman, S., «In the secret of Freud's Vienna, from couch to cafes», *New York Times*, 29 de agosto de 2014.

7. Höss, R., *Commandant of Auschwitz* (1951), Phoenix Press, Londres, 2000, pág. 30, La Découverte, París, 2004.

nheim. Desde entonces, su padre estaba presente todos los días y deleitaba al niño con historias de sus batallas coloniales en África Oriental. Rudolf soñaba con ser misionero para llevar la hermosa civilización blanca a la sombría África negra. La fiebre religiosa de su padre llevó al niño a peregrinar a Einsiedeln, en Suiza, y a Lourdes, en Francia. Rudolf se enorgullecía de obedecer con prontitud los más mínimos deseos de sus maestros, sacerdotes e incluso sirvientes. Cuando su padre murió cuando él tenía trece años, enseguida sintió «la falta de la mano fuerte y dirigente del padre».[8] Él, el niño salvaje, se sentía angustiado ante las muestras de afecto: «Siempre he luchado contra cualquier signo de ternura desde mis primeros años».[9] Se complacía en ser guiado. Tenía tal necesidad de autoridad que, cuando las circunstancias le impedían confesarse, sentía una fuerte angustia que sólo se calmaba cuando podía purificarse de nuevo y ser castigado para expiar sus faltas.

En 1911, Josef Mengele nació en Guntzburg, una bella ciudad de Baviera. Su primera infancia transcurrió en un hogar sin padre, como era la norma en la Europa industrial. Había poca presencia materna, en un hogar donde se valoraba el éxito social. El padre había montado un negocio de maquinaria agrícola y, cuando tuvo que alistarse en el ejército alemán en 1914, su valiente y autoritaria esposa se hizo cargo de todo con eficacia. Josef, como hijo mayor destinado a continuar la obra, se interesó poco por el negocio. Sus compañeros de colegio cuentan que soñaba con hacerse famoso: «Un día verás mi nombre en la enciclopedia».[10] En esta familia, «las relaciones se rigen por el respeto... el padre es frío y la madre no mucho mejor».[11]

---

8. *Ibid.*, pág. 32.

9. *Ibid.*, pág. 36.

10. Posner, G. L.; Ware, J., *Mengele. The Complete Story*, McGraw-Hill, Nueva York, 1986, pág. 5.

11. *Ibid.*, pág. 5.

Josef era un estudiante bastante bueno y muy sociable. Le interesaba la biología, la zoología, la «filosofía natural» y, sobre todo, la antropología. Estas palabras no se refieren exactamente a las mismas disciplinas científicas de hoy. En aquella época, la biología se ocupaba de la disposición de las células vistas al microscopio, mientras que hoy describe la química intracelular que se fotografía con un microscopio electrónico. La zoología era una codiciada disciplina que estudiaba la anatomía comparada para elaborar una clasificación de los seres vivos. Cuando los nazis utilizaban la palabra «antropología», se referían a un orden natural en el que esta ciencia tenía la tarea de categorizar a los seres vivos para clasificarlos jerárquicamente. Este pensamiento llevaba implícito que el hombre estaba en la cima de la jerarquía de los seres vivos.

Cuando llegó el momento de dejar a su familia, el joven Josef quería ser dentista, porque le gustaban los cuidados artesanales. Pero se matriculó en medicina para satisfacer un postulado de su fantasía: «Es apasionante descubrir lo desiguales que son los seres humanos. La antropología es la ciencia que puede construir esa representación». En esta actitud epistémica, la ciencia sirve para apoyar una representación a priori: «Me complace encontrar los argumentos de la anatomía comparada que darán contenido a mi visión jerárquica de los seres vivos y de la condición humana», podría haber dicho.

El joven Josef Mengele creía en su estrella. Estudiaba mucho y obtenía buenas notas. Montaba a caballo y esquiaba, hacía amigos con facilidad, era elocuente, despreciaba a la Iglesia católica, que consideraba una empresa comercial, y se unió a la Cruz Roja austríaca para ayudar a los necesitados.

¡Todo muy bonito! Tal vez incluso sea indicativo de un equilibrio mental, de un deseo de hacer algo con su vida, de darle un sentido.

Yo tenía el mismo interés que Josef Mengele en la clasificación de las razas. Después de la guerra, cuando tenía doce años,

35

me confiaron durante unos meses a una pareja de periodistas, los Sergents, que vivían en la calle Raynouard, en el barrio donde se iba a construir la Casa de la Radio. Eran amables, ella era muy bella, grababan sus programas de radio y las canciones de Jean Sablon en su casa de la planta baja.

«Por qué me citabas bajo la lluvia, pequeño de ojos dulces, amado tesoro...».

En el último estante de la biblioteca había una hermosa enciclopedia de las razas que hojeé con interés. Recuerdo haber visto una foto de un hombre asiático arrugado y preguntarme: «¿Qué pasa por la mente de un chino que vive en un país lejano, en otra cultura?». El mundo íntimo de un indio con sus hermosas plumas me hacía pensar en la caza del búfalo, y me pregunté cómo se sentirían los negros cuyos antepasados habían sido esclavizados. No me di cuenta de lo estereotipadas que eran mis preguntas, ya que era la primera vez que las hacía. Ya sentía el deseo de descubrir otros mundos mentales.

Mientras escribo estas líneas, hoy entiendo que Josef Mengele, al ver las mismas fotografías, experimentó el placer de un sentimiento de superioridad. Ya buscaba pistas anatómicas en la forma de los cráneos y las mandíbulas que utilizaba para demostrar la inferioridad de otros. Al ver la misma fotografía, algunas personas sienten el placer de explorar, mientras que otros se deleitan en el sentimiento de superioridad. Recuerdo, por otra parte, a un paciente que era estudiante de ingeniería y muy buen jugador de fútbol que, cada vez que marcaba un gol, se sentía triste por haber hecho infelices a los jugadores del otro equipo. Sufría de melancolía e interpretaba el menor acontecimiento de la vida cotidiana como una desgracia de la que se sentía culpable. La percepción de un mismo hecho, las pieles de distintos colores, los distintos paisajes, marcar un gol en el fútbol, pueden despertar en nosotros representaciones distintas. Los sentimientos que de ello resultan originan comportamientos opuestos. Mi paciente se castigaba por hacer infelices a los demás, mientras yo disfrutaba descubriendo otros mundos. Mengele, en cambio, utilizó la ciencia para satisfacer su gusto por la jerarquía de los seres humanos, lo que le preparó para buscar soluciones para eliminar a los seres inferiores de la sociedad. Ésta era su visión del mundo.

En 1930, Josef Mengele, un joven médico, trabajador y de trato amable, descubrió en una reunión en Múnich la doctrina racista. Esta teoría dio una forma verbal a su modo de percibir el mundo. Él, que se creía de izquierdas, se dejó seducir por una narrativa que se correspondía con la filosofía natural a la que aspiraba. La ciencia le proporcionó material para la fantasía y un pretexto para el compromiso social. El joven médico pensaba cada vez más en el derecho a eliminar las vidas inútiles que costaban caro e impedían dar una buena educación a las buenas gentes sanas. En nombre de esta moral había que eliminar a 200.000 inútiles y costosos enfermos mentales.

Freud fue uno de esos jóvenes médicos apasionados por la antropología, el enfoque científico que estudia al hombre en sus competencias biológicas, sociales y culturales. Cuando Sigismund Schlomo Freud vino al mundo en 1856 en Freiberg, Moravia, aún no era austríaco. En aquella época, muchos habitantes de Europa Central cambiaban de nacionalidad cuando los acontecimientos políticos alteraban las fronteras. El niño Freud se desarrolló en un nicho familiar en el que las estructuras de parentesco eran confusas. Sigmund conocía a grandes rasgos sus orígenes judíos alemanes, lituanos y de Galitzia. «Lo que dio forma a su desarrollo afectivo [fue] la enmarañada red de sus relaciones familiares».[12] El parentesco enmarañado era la norma en una época en que la esperanza de vida de las mujeres era inferior a cuarenta años y uno de cada dos niños moría en sus primeros años. Los viudos solían volver a casarse, como fue

---

12. Gay P., *Freud, op. cit.*, pág. 9.

el caso del padre de Sigmund. Cuando Jakob Freud se casó con Amalia, su tercera esposa, él tenía cuarenta años y ella veinte. Jakob tuvo dos hijos de un matrimonio anterior, Emmanuel el mayor, que vivía cerca de ellos, y Philipp el menor, que tenía más o menos la edad de Amalia, por lo que el pequeño Sigmund pensó durante mucho tiempo que su hermano era pareja de su madre. Freud debió sentir alivio cuando, tras la muerte de su padre, se atrevió a pensar que una aventura familiar como la del Edipo planteaba el problema de un complejo sexual intrafamiliar que los seres humanos llaman «incesto».

Explorar el mundo o jerarquizarlo

En 1925, cuando Freud escribió su breve esbozo autobiográfico,[1] habló de un judaísmo tranquilo: «Soy un judío sin Dios, porque mis raíces son judías. No siento la necesidad de refugiarme en un grupo de autodefensa donde los judíos se radicalizan uniéndose para enfrentarse al adversario. Por eso no necesito pensar en la creación de un Estado judío. Israel en Oriente Medio planteará muchos problemas».[2] El descubrimiento de una carta de Sigmund Freud al sionista Chaim Koffler (26 de febrero de 1930) habla de su «pesar de que el fanatismo irreal de nuestros compatriotas tenga su parte de responsabilidad en el despertar de la desconfianza de los árabes».[3] Esta correspondencia se publicó en la *Revista de Estudios Palestinos*,[4] luego en Italia antes de llegar a Francia.

En un contexto europeo en el que el antisemitismo estaba en auge, el estudiante Freud no estaba rodeado de antisemitas. Carl Claus, profesor de zoología, se había fijado en el joven Freud y le ofreció unas prácticas en el laboratorio de biología marina de Trieste para resolver el problema que todo el mundo

---

1. Freud, S., *Ma vie et la psychanalyse*, Gallimard, París, 1949.

2. Roudinesco, É., «À propos d'une lettre inédite de Freud sur le sionisme et la question des lieux saints», *Cliniques méditerranéennes*, 70, 2004.

3. Carta de Freud mecanografiada en alemán (1930), traducción [al francés] de Jacques Le Rider, *Cliniques méditerranéennes*, 70 (2), 2004, págs. 5-17.

4. N. del T.: en francés, *Revue d'études palestiniennes*.

se planteaba: ¿dónde están los testículos de las anguilas?[5] Carl Claus enviaba regularmente a Freud publicaciones de Huxley y Darwin para convencerle del evolucionismo, porque el futuro psicoanalista —excelente estudiante y tremendamente ambicioso— soñaba con descubrir los misterios de la naturaleza. Atraído por la filosofía de Ernst Brücke y por la teatral clínica de Charcot, a Freud no le gustaba la autopista académica que se dibujaba frente a él. Prefirió abrir su propio camino, como suelen hacer los fundadores de nuevas disciplinas.

Darwin dejó su huella en el pensamiento evolutivo de biólogos, psicólogos y nazis. La interpretación del hecho evolutivo era distinta según la disciplina. Para entender estos destinos opuestos del concepto de evolución, es necesario situarlo en su contexto. A mediados del siglo XVIII, Linneo había clasificado al hombre como animal. Esto molestó a los espiritualistas. Para Darwin, el hombre, un mamífero cercano al mono, podía escapar de la condición animal gracias a un cerebro que le daba acceso al mundo de las herramientas y las palabras. Para él, los seres vivos no estaban jerarquizados,[6] se adaptaban más o menos bien a las variaciones del entorno. El que mejor pueda vivir y reproducirse en este entorno será el favorecido por la selección natural, no necesariamente el más fuerte. Este pensamiento ecosistémico no podría satisfacer a quienes gustaban de las relaciones de dominación. Cuando Freud percibió una diferencia entre dos mundos mentales, sintió la felicidad de los explotadores; Mengele, en cambio, lo percibió como prueba de una jerarquía natural. Esta interpretación del mundo hizo nacer en él un placer de obediencia que condujo a la dominación. La palabra «interpretación» corresponde a la de los músicos cuando,

---

5. Fédida, P.; Widlöcher, D. (dir.), *Les Évolutions. Phylogenèse de l'individuation*, PUF, París, 1994.

6. Grimoult, C., «Darwin a-t-il déchu l'espèce humaine ?», *Sciences humaines*, 61, 2021, pág. 19.

a partir del mismo libreto y con el mismo instrumento, cada uno da vida de forma distinta a la música escrita. Este fenómeno de traducción de un hecho se produjo con las observaciones de Darwin.[7] En el siglo XIX, los estereotipos contaban que el hombre era de naturaleza sobrenatural, ya que tenía alma. Adán, el «hombre de barro», fue arrancado de la tierra gracias al soplo del espíritu invisible que le permitía dominar las cosas y a los seres vivos. Rebajarlo al nivel de los monos daba risa o causaba indignación. Se dice que la Sra. Wilberforce dijo: «¡Oh, Dios! ¡Espero que esto no se sepa!». Muchos biólogos veían la teoría de la evolución como una representación coherente de los cambios anatómicos y de comportamiento en la descendencia de los animales de una misma especie, mientras que otros intelectuales la veían como una prueba de la base natural de la jerarquía de los seres vivos. «Con el darwinismo, entramos claramente en una jerarquía de razas».[8] Mientras que Darwin demostró que el organismo que lograba sobrevivir era el más capaz de reproducirse, para mantener la especie viva en un nuevo entorno, Francis Galton lo tomaba como la prueba de que sólo los más fuertes merecían vivir, lo que legitimaba «la eliminación de débiles, enfermos mentales, marginados sociales y criminales».[9] Los pobres, los feos, pertenecían a lo más bajo de la escala social, ya que ésta era la ley de la selección natural.

La interpretación del hecho depende de la personalidad del observador y de la connotación afectiva con la que colorea un hecho. Algunos creen que, dado que la supervivencia depende de la adaptación, hay que abordar las condiciones para apoyar a los menos capaces. Mientras que los que entienden la existencia

---

7. Bowlby, J., *Charles Darwin. Une nouvelle biographie*, PUF, París, 1995.

8. Pichot, A., *La société pure. De Darwin à Hitler*, Flammarion, París, 2000, pág. 326.

9. Aubert-Marson, D., *Histoire de l'eugénisme*, Ellipses, París, 2010.

como una escala de fuerza admiran a los dominadores y legitiman la eliminación de los débiles. No se interesan por la gente insignificante, no buscan descubrir su mundo y son indiferentes a su sufrimiento. No han desarrollado la empatía, lo que explica su sorprendente falta de culpabilidad cuando una ley ordena la eliminación de vidas sin valor. Suprimir las zonas gangrenadas de la sociedad, los débiles, los enfermos, los locos y los que perturban el orden público se convierte en una necesidad higiénica para ellos. Es moral llevarles la religión correcta, la tecnología superior, a esos africanos y asiáticos de civilizaciones atrasadas. Según esta interpretación, «el colonialismo es una virtud y el asesinato de los débiles se convierte en una fuente de bien social y de progreso».[10]

Los pensadores de la higiene social eran gente culta. Gracias a su trabajo y a sus conocimientos científicos, tuvieron acceso a la toma de decisiones políticas. Alexis Carrel suscitó aprobación cuando defendió «a los que aman la belleza, buscan en la vida algo más que el dinero... será necesario proporcionarles el entorno que les conviene, en lugar de las condiciones adversas de la civilización industrial».[11] Cabe destacar que este retorno a la vida tranquila y estética se valora mucho en nuestra cultura actual. Alexis Carrel fue muy admirado cuando se le concedió el Premio Nobel de Medicina en 1912 por desarrollar la sutura de vasos sanguíneos. Hubiera merecido otro premio por su técnica de cultivo de tejidos en medicina experimental. Este gran científico acompañó humildemente a los enfermos a Lourdes y fue testigo de curaciones milagrosas de las que dio testimonio para confirmar su creencia en los milagros divinos.

En su deseo de sanar a la sociedad, escribió: «Las personas anormales impiden el desarrollo de las personas normales. [...]

---

10. Chapoutot, J., *La loi du sang. Penser et agir en nazi*, Gallimard, París, 2014.

11. Carrel, A., *L'homme cet inconnu* (1935), Plon, París, 1999, pág. 434.

Haremos desaparecer la locura y el crimen mediante un mejor conocimiento del hombre, mediante la eugenesia... mediante el látigo, o mediante algún otro medio más científico. [...] Un establecimiento de eutanasia, dotado del gas apropiado, permitiría eliminarlos de forma humana y económica».[12] Éste es exactamente el argumento de las «vidas inútiles», que justificaba que era moral eliminar a los débiles para aumentar la fuerza de los fuertes. Ernst Rüdin, genetista y psiquiatra suizo, aprobó la ley de esterilización forzosa (1934) a petición de Hitler para eliminar a esquizofrénicos, débiles mentales, ciegos, sordos y alcohólicos.[13] En 1939, se le concedió la medalla Goethe por su trabajo científico que legitimaba la eliminación de niños de baja calidad. Su obra fue utilizada por la propaganda nazi, que creaba imágenes de un hombre con un rostro espantoso, un cuerpo deforme y unas piernas retorcidas, junto al cual se encontraba un hombre apuesto, sonriente, bien vestido y peinado. Como si se tratara de una tira cómica, el texto decía: «Este hombre que sufre un defecto hereditario cuesta 60 marcos». Las vidas sin valor son la ruina, y este montaje de cómic quería decir: «¿Tiene sentido tirar tanto dinero por seres humanos de tan baja calidad?». Adivinad la respuesta. Este argumento emocional buscaba provocar la justa indignación para que el espectador pensara: «Es un escándalo obstaculizar la vida de un hombre de calidad para mantener a otro de mala calidad». En 1945, al final de la guerra, Ernst Rüdin afirmó que esto no era más que un trabajo académico. Se le impuso una multa de 500 marcos y, tras ser condecorado dos veces por Hitler, continuó su carrera en Estados Unidos, desde donde regresó a Múnich para morir en 1952.[14]

---

12. *Ibid.*, págs. 435-436.
13. Micale, M. S.; Porter, R. (eds.), *Discovering the History of Psychiatry*, Oxford University Press, Oxford, 1994, pág. 284.
14. Joseph, J.; Wetzel, N. A., «Ernst Rüdin: Hitler's racial hygiene mastermind», *Journal of the History of Biology*, 46 (1), 2013, págs. 1-30.

Afrontar

Cuando Alfred Adler vino al mundo en 1870, su aparato para ver el mundo se había construido en un nicho familiar poco dinámico. Su primer entorno estaba formado por su madre, dedicada a su marido comerciante, y un hermano mayor dominante. El hogar de Alfred se amplió con la llegada de cuatro hijos más. Físicamente muy débil (se hablaba de raquitismo), muy emotivo hasta el punto de sufrir espasmos del sollozo ante la menor molestia, el niño tenía dificultades para ocupar su lugar en este hogar inseguro. Cuando llegó el siguiente hermano, Alfred pensó que este bebé iba a alejarlo de su madre, lo cual estaba justificado, ya que ella debía cuidar de un bebé enfermo que pronto moriría.

En la escuela, Alfred era un estudiante mediocre, malo en matemáticas, lo que empeoraba su baja autoestima. Los profesores querían orientarlo hacia una profesión manual, en la que hubiera tenido dificultades para seguir el ritmo. Afortunadamente, este niño enfermizo, estudiante mediocre, tenía una gran cualidad: amaba a los demás y sentía curiosidad por el mundo. En la teoría del apego, podemos evaluar este impulso hacia los demás, esta sociabilidad. Cuando un niño puede nombrar de cuatro a seis amigos, cuando puede confiar en su madre si está preocupado, se considera que ha adquirido lo que se llama un apego «seguro», un precioso factor de protección y socialización. En la adolescencia, el frágil Albert se hizo más fuerte. Su dedicación al trabajo compensó sus malos resultados en matemáticas, lo que le permitió matricularse en la facultad de medicina, ser un buen estudiante y abrir una consulta privada en 1897. No era un académico, pero su gusto por entender su oficio le llevó a escribir un libro al año de su graduación.[1] Ya contenía lo que iba a ser el tema de su vida y de sus investigaciones: el ser humano no es un individuo situado en una escala jerárquica, sino una persona producida por las presiones sociales.[2] A los 37 años, todavía cercano a Freud, publicó el libro que organizó sus reflexiones:[3] la compensación psíquica de un sentimiento de inferioridad. La elección de un objeto de investigación científico no es ajena a la trayectoria vital del investigador. Al contrario, los sucesos de su infancia le hicieron sensible a un tipo de hechos que él ordenó para crear el tema de su investigación. La infancia de Adler le hizo sensible a la inferioridad física y no al pansexualismo que ocupaba un lugar central en las reflexiones de Freud.[4]

Extraemos del mundo real lo que nuestra historia pone de relieve. Cuando yo era médico en activo, entendía sin problemas los desgarros afectivos de las infancias caóticas de algunos de mis pacientes. Me sorprendió el número de víctimas de incesto que vinieron a hablarme de ello en la intimidad de la consulta. Aquellas mujeres (a veces hombres), expulsadas de la sociedad por esta gran transgresión, no podían contar al público lo que les había ocurrido. Se les impidió hablar, como a mí en los años de la posguerra, cuando no me creían, o cuando me explicaron doctamente que mis padres habían sufrido en Auschwitz porque habían cometido grandes pecados. Los que así hablaban interpretaban el mundo como una jerarquía de faltas que debían ser castigadas. Las mujeres que han sido violadas oyen a

---

1. Adler, A., *Livre de santé pour le métier des tailleurs*, 1898.

2. Schaffer, H., *La Psychologie d'Adler*, Masson, París, 1976, pág. 9.

3. Adler, A., *Compensation psychique de l'état d'infériorité organique*, Payot, París, 1956.

4. Ellenberger, H. F., *À la découverte de l'inconscient. Histoire de la psychiatrie dynamique*, Simep, Villeurbanne, 1974.

menudo: «Lo habrás provocado sin querer». No es extraño que se acuse a las víctimas de incesto de poner en duda a su padre: «Conozco a tu padre, nunca podría haber hecho eso». A veces, incluso, las víctimas incorporan a su memoria los estereotipos del contexto: «Sin quererlo, le habré provocado».

Al contrario de lo que pensamos espontáneamente, es menos difícil hablar con un desconocido que con alguien cercano. La cercanía afectiva da demasiado peso a las palabras. Cómo se puede decir a los propios hijos que el abuelo al que tanto quieren estaba fingiendo dormir en un sillón cuando de repente agarró a su hija que pasaba por allí y la violó. ¿Cómo podría la gente de su entorno aceptar una historia tan incompatible con la imagen de un buen abuelo? Una mirada distante facilita la objetividad. La distancia afectiva nos abre los ojos. ¿Podría esto explicar por qué el teatro, el cine y la literatura recopilan un catálogo de crímenes, guerras, violaciones e incesto que los héroes de ficción exhiben en público, mientras que su testimonio directo habría sido imposible?

Cuando el sujeto no puede ocupar un lugar en su cultura, la discrepancia entre los relatos colectivos y el relato interior da a la persona que cuenta su trauma la impresión de estar confesándose. La distancia afectiva diluye la emoción, mientras que en la intimidad el más mínimo silencio provoca malestar, la más mínima palabra puede resultar hiriente: «¿Por qué mamá se calla cuando le pedimos que hable de su padre, de nuestro abuelo…? ¿Por qué papá nunca habla de su país de origen?».

Cuando la cultura se interesa por estos traumas silenciosos, restablece la concordancia entre los relatos colectivos y los de la persona herida. Ésta puede por fin expresarse sin trabas, «tal como le viene». Cuando se siente entero, habla con tranquilidad. Pero cuando el herido cuenta en público lo no ha podido decir en privado, su familia suele percibir esta «confesión» como una traición: «Habla de sí mismo cuando da una conferencia, pero a nosotros no nos dice nada».

En el incesto, la mujer agredida siente la enormidad del crimen al que ha sido arrastrada. Cuando se atreve a ir a la comisaría, suele hacer estallar a la familia. La imposibilidad de la prueba reduce la confrontación a una batalla de afirmaciones. Lo mismo ocurre con el recuerdo de la Shoah cuando el hijo de un superviviente se encuentra con un negacionista. La conversación es difícil cuando el adepto a teorías de la conspiración se ríe, interpreta los documentos o se indigna: «¡A mí no me engañan!». Para él, el perseguido por una acusación injusta es el criminal, porque «Auschwitz nunca existió».

¿Cómo charlar acerca de estas cosas en términos cotidianos? Durante una agradable velada, mi amigo Gonzague Saint Bris me pidió que contara la historia de mi detención, mi huida y mis estancias en instituciones a veces maltratadoras. El contexto era agradable, la comida deliciosa, las mujeres iban bien vestidas y los hombres intentaban decir cosas interesantes, ¡cuando de repente Gonzague me pidió que contara mi infancia andrajosa! «Si hablo», pensé, «los abrumaré, romperé el encanto de la velada, o peor aún, estimularé su morbo con mi desgracia». Mientras que las narrativas públicas estimulaban la opinión concediendo un premio Goncourt a *El último de los justos* en 1959, organizaban juicios espectáculo, como el de Eichmann en 1961, o producían películas como la conmovedora *Les guichets du Louvre* en 1974, la discordancia era total. Relatos públicos de esta clase no entraban en las familias y, sin embargo, esta mirada exterior calmaba a los traumatizados.[5]

---

5. Azouvi, F., *Français, on ne vous a rien caché. La Résistance, Vichy, notre mémoire*, Gallimard, París, 2020.

Abusiva claridad

Desconfiemos de las ideas claras, son reduccionistas. Hannah puede amar a un hombre que ha dejado huella en su alma y cuyo pensamiento ha guiado su pensamiento, pero que toma un camino que ella ya no puede seguir. Hannah ama a Heidegger todavía, reconoce su influencia, pero se siente desorientada cuando él alienta la destrucción de los judíos. No es una incoherencia en su pensamiento, es un camino que se desvía después de haber dejado un rastro de felicidad afectiva en su memoria. Nunca amó a un nazi, se dejó seducir por la inteligencia de un hombre que se volvió nazi. Le había impresionado aquel maestro suyo que se ponía de rodillas para declararle su amor, se dejó llevar. Cuando Hannah descubrió, en 1933, que su amante quería eliminar a los judíos, no pudo borrar de su memoria los momentos felices que había vivido con él.

Nuestra existencia nos da forma. Hannah, tras haber tenido una experiencia afectiva con un hombre a quien hubiera debido odiar, asistió al juicio de Eichmann en Jerusalén. Allí vio a un hombre que había cometido actos monstruosos (un hombre, no un monstruo). El pensamiento radical es tan claro que se vuelve abusivo, hace que uno vea aquello que piensa, reduce al hombre al acto monstruoso que ha cometido. Hannah entiende que aquel hombre es un don nadie. Entiende que, en 1944, encargado de aplicar en Hungría la «solución final» decretada en la conferencia de Wannsee, Adolf Eichmann hizo un muy buen trabajo administrativo: organizó sobre el papel las redadas, las requisas de trenes que llevaron a 450.000 judíos a las cámaras de gas en pocos meses. Aquel inmenso criminal era un funcionario muy trabajador, feliz de hacer realidad sus sueños, sellando documentos, ordenando archivos, condenando a muerte a decenas de miles de personas cada día con un simple trazo de pluma: «Me parece que he matado a cinco millones de judíos. Me siento muy satisfecho y me complace».[1] La obediencia es un buen negocio cuando permite el asesinato de millones de seres humanos simplemente por placer.

La muerte, para Eichmann, no significaba nada. Ni la suya ni la de los demás. Estar ahí, ya no estar más, matar, morir... da igual. Cuando subió al patíbulo, en mayo de 1962, sonreía. Se había bebido su vaso de vino, rechazó el capuchón con el que el verdugo cubría las cabezas de quienes iban a ser ahorcados, y luego caminó tranquilamente hacia la horca. Estar vivo o no estarlo, ¿qué diferencia hay?

Quizás os sorprenda, pero creo que estos crímenes sin emoción y sin culpa no son infrecuentes y que muchos seres humanos son capaces de cometerlos. No se trata de anhedonia, un adormecimiento de la capacidad de sentir placer. Adolf Eichmann sintió un gran placer cuando envió trenes llenos de judíos a Auschwitz. Es el placer de hacer bien el trabajo, de sellar, de clasificar, de limpiar la sociedad de la mancha judía. Así es, es muy sencillo, esta enormidad se considera trivial, así entiendo yo la «banalidad del mal» de Hannah Arendt.

Como todos nosotros, yo fui moldeado por mi existencia. Cuando vi lobotomías, en 1966, debo admitir que me interesó, me sometí a una representación. Los científicos dicen que cortar un trozo de cerebro cura la neurosis obsesiva. ¡Veámoslo! Me acuerdo del ingeniero que ya no podía vivir porque se pasaba los días y las noches limpiando el pomo de la puerta donde creía haber depositado gérmenes. Su cuerpo no hacía más que

---

1. Goldhagen, D. J., *Le Devoir de morale. Le rôle de l'Église catholique dans l'Holocauste et son devoir non rempli de repentance*, Seuil, París, 2004, pág. 36. [Trad. cast.: *La Iglesia Católica y el Holocausto*, Taurus, Barcelona, 2002].

limpiar, su mente no quitaba los ojos de lo que limpiaba. Era un sufrimiento inmenso, una alienación para él y su familia, de modo que cuando un médico hablaba de lobotomía era una esperanza para esta gente desesperada.

Rodeado de un ambiente acogedor, el paciente obsesivo fue instalado en la silla quirúrgica. Le inmovilizaron la cabeza, le afeitaron las cejas, le esterilizaron la frente, todos fueron extremadamente amables. No fue necesaria la anestesia general, ya que el cerebro está desprovisto de los corpúsculos que perciben el dolor, se puede cortar sin miedo. El cirujano tomó una aguja larga de punta redonda y la pasó por una muesca que todos tenemos en la órbita superior, cerca de la raíz de la nariz, donde la introdujo sin tocar el ojo. La aguja llegó a la parte inferior del cráneo, una fina y esponjosa placa ósea que era fácil de atravesar, y allí estaba, bajo el lóbulo prefrontal. Todo lo que tenía que hacer era introducirla en la materia cerebral e inyectar agua destilada para desgarrar las neuronas. Entonces vi, con mis propios ojos, al paciente suspirar, relajarse y susurrar: «Me siento bien... me siento bien...». Lo acompañamos a su habitación, caminaba con una sonrisa. Tres semanas después, volvió a frotar el pomo de una puerta, pero su personalidad había desaparecido. Sólo respondía a los estímulos del contexto, frotaba, se sobresaltaba cuando le tocaban, miraba sin responder cuando le hablaban. Acababa de ver, con mis propios ojos, la banalidad del mal.

Nadie se indignó. No teníamos razones para dudar, ya que el contexto médico cantaba las alabanzas de la lobotomía. Estábamos sometidos a una representación científica. De hecho, este trabajo tenía sus orígenes en la doxa cultural que, desde la Antigüedad, ha postulado que la locura reside en el cerebro. Esto implica que hay que actuar sobre el cerebro para curar la locura. Esto no siempre es falso, ya que una malformación cerebral, una intoxicación o una infección pueden efectivamente provocar trastornos psicológicos. Pero hoy en día, la neuroimagen combinada con la psicología y la sociología[2] demuestran que la mayoría de los trastornos psicológicos provienen de trastornos relacionales o de desorganizaciones sociales que actúan sobre el cerebro.

El contexto cultural de los años 1930 y 1950 estaba monopolizado por la guerra. La violencia era normal, era la forma de resolver los problemas sociales. La guerra de 1914-1918 había enviado a la muerte a un millón y medio de jóvenes, la mayoría de los cuales aún no tenían derecho al voto. En aquella época no se pensaba en el síndrome psicotraumático. Cuando un hombre volvía de las trincheras, tras cuatro años de torturas, con espasmos y trastornos mentales, se decía que era un cobarde y un farsante, se le consideraba un traidor, un «boche del interior».[3] Como ya no podía luchar, se le castigaba y no se pensaba en cuidarle.

Cuando los supervivientes volvieron a casa en 1918, se volvieron insoportables. Gritaban en sueños, se sobresaltaban al menor ruido, no pensaban en nada más que en el horror de lo que habían padecido y peleaban constantemente. Sus mujeres, que durante cuatro años habían mantenido a la familia y a la sociedad en pie, no podían seguir viviendo con aquellos hombres insoportables. A la catástrofe de la guerra se sumó la del divorcio, que en pocos meses hizo estallar a decenas de millares de familias.

Muchos hombres desfigurados, con sus rostros monstruosos deformados por la metralla, habían perdido materia cerebral y, sin embargo, seguían viviendo. Clovis Vincent, un brillante neurólogo, dedujo lógicamente que los cerebros se podían operar, extirpar tumores, abscesos y hematomas, en contra de lo que se pensaba antes de la guerra. Como Clovis había demostrado su

---

2. Ehrenberg, A., *La Mécanique des passions. Cerveau, comportement, société*, Odile Jacob, París, 2018.

3. Clervoy, P., «Les suppliciés de la Grande Guerre», en B. Cyrulnik, P. Lemoine (eds.), *La folle histoire des idées folles en psychiatrie*, Odile Jacob, París, 2016, págs. 51-76. N. del T.: *boche* era el término para designar peyorativamente a los alemanes.

valentía en el campo de batalla, dedujo lógicamente que a los que ya no eran capaces de luchar había que aplicarles descargas eléctricas en el cuerpo, para que prefirieran volver al frente.

Fue en ese contexto del conocimiento que Egas Moniz, heroico portugués que se opuso al dictador Salazar, pensó que para curar a los esquizofrénicos bastaba con destruir las «disposiciones neuronales fronto-talámicas» que producían los trastornos psíquicos. Por ello, perforó agujeros en el cerebro para desgarrar esta zona inyectando alcohol.[4] En 1936 publicó sus «esperanzadores resultados», por los que recibió el Premio Nobel de Medicina en 1949.

Cuando la guerra legitima la violencia, cuando los estallidos mentales y sociales exigen regular la vida cotidiana, el tratamiento mediante un «torpedeo» eléctrico o una lobotomía pierde su apariencia de desmesura, se convierte en parte del orden de las cosas. Por este motivo, el Dr. Walter J. Freeman, que en 1941 lobotomizó a la hermana de J. F. Kennedy, pudo realizar tres mil lobotomías a domicilio, con el consentimiento de la sociedad.

En 1967, mis profesores en el Hospital de la Piedad de París fueron el amable Messimy y el elegante Guilly, que analizaron el funcionamiento del lóbulo prefrontal examinando a pacientes lobotomizados.[5] Cuando estuve a cargo de una institución de cuidados postoperatorios en Le Revest, cerca de Toulon, vi a muchas jóvenes que habían sido lobotomizadas por esquizofrenia. En efecto, la psicocirugía había cambiado el cuadro clínico modificando el funcionamiento cerebral, lo que las había alienado aún más. Junto con mi amigo Gérard Blès, fuimos los últimos testigos oculares de ese crimen terapéutico practicado hasta 1970. Fueron los médicos de los hospitales psiquiátricos

---

4. Anglade, L., (1948), citado en Guillemain, H., *Chronique de la psychiatrie ordinaire. Patients, soignants et institutions en Sarthe du XIXe au XIXe siècle*, Éditions de la Reinette, Le Mans, 2010.

5. Guilly, P.; Puech, P.; Lairy-Bounes, G. C., *Introduction à la psychochirurgie*, Masson, París, 1950.

quienes acabaron consiguiendo la prohibición de esta práctica que, durante más de treinta años, no había parecido violenta en un contexto social que valoraba la violencia.

Los soviéticos se habían opuesto a la lobotomía por motivos ideológicos. El Comité Central argumentó que la teoría de Pavlov sobre los reflejos condicionados correspondía a los dogmas del marxismo científico, mientras que la lobotomía era un asunto de la medicina privada. A partir de los años 1960, la comercialización del Largactil, un neuroléptico que adormece a las personas agitadas, hizo innecesaria la lobotomía. Los médicos soviéticos utilizaron entonces este medicamento para «curar» a los opositores al régimen. Se decía que padecían una «esquizofrenia tórpida», una psicosis dormida, una locura latente sin síntomas, porque había que estar loco para oponerse al régimen comunista que quería el bien para el pueblo.

No puede haber descubrimiento científico ni idea filosófica que nazca fuera de su contexto cultural. Muchos nazis, al igual que muchos lobotomizadores, no eran conscientes del crimen que estaban cometiendo. Habitaban una representación de la que extraían sus decisiones políticas o terapéuticas: dar mil años de felicidad al pueblo extirpando la impureza judía o curar la locura cortando el cerebro. Cuando la violencia es algo corriente, la cultura legitima este modo de regular las relaciones sociales. Los médicos nazis estaban convencidos de que la suya era una contribución científica a la antropología física.[6] En nombre de la moral exterminaron a 300.000 enfermos mentales en Alemania, realizaron experimentos médicos letales con niños[7] y asesinaron, entre risas, a seis millones de judíos en Europa.

---

6. Palem, R. M. (ed.), «Fragments d'anthropologie psychiatrique», *Association Henri Ey, Canet en Roussillon* n° 43-44, junio de 2019, Éditions Trabucaire, Perpiñán, pág 7.

7. Cymes, M., *Hippocrate aux enfers. Les médecons des camps de la mort*, Stock, París, 2015.

Pensar por uno mismo

En este contexto, Hannah Arendt tuvo que salvar el pellejo huyendo, después de haber permanecido encarcelada durante ocho días por la policía alemana. Luego, para preservar su vida mental, trató de comprender lo que pasaba por las mentes de quienes se habían dejado arrastrar por el placer de odiar a los judíos y a las razas inferiores: «Cuando me fui de Alemania, sólo quería comprender,[1] no compadecerme de mí misma... La principal arma contra el totalitarismo es la exigencia del pensamiento personal». ¿Cómo puede uno obedecer felizmente, someterse a las declaraciones que uno proclama teniéndolas por verdaderas sin haberlas examinado? Cuando un grupo social acepta un conjunto de opiniones obvias y evidentes sin necesidad de cuestionarlas, es el triunfo del dogmatismo. Es lo contrario de la empatía, que representa el mundo del otro, en un proceso mental que absorbe los pensamientos del otro para ver el mundo a través de sus ojos. Esta actitud mental se establece alrededor de los seis años, cuando el niño escucha las historias de su madre. Las cree porque sabe que ella le dirá lo que es protector y lo que es peligroso. En primer lugar, en los primeros años, el niño se ha sentido seguro junto al cuerpo de su madre cuando se acurrucaba para dejar de tener miedo o para consolarse cuando estaba triste. Luego aprende sus palabras para

---

1. Arendt, H., «Penser sans entraves», *Le Point*, hors-série n° 29, febrero-marzo de 2021, pág. 18. [Trad. cast.: *Pensar sin asideros*, Editorial Página Indómita, Barcelona, 2019].

adquirir una herramienta relacional que le permita expresar sus deseos y sentimientos. Entonces la lengua materna se incorpora a su memoria, creando un instrumento para mostrar y compartir un mundo íntimo.

Alrededor de los seis años, cuando la maduración cerebral conecta las neuronas prefrontales (la base de la anticipación) con las neuronas límbicas (la base de la memoria), el niño adquiere la representación del tiempo. En adelante podrá escuchar una narración y no sólo una orden. Cuando la narración de hechos reales o imaginarios proviene de la base de seguridad que le protege, el niño la acepta sin rechistar porque cualquier cuestionamiento disminuiría su efecto tranquilizador. Cuando una madre protectora cuenta una historia, el niño tiene interés en creerla para ver mejor el trozo del mundo que ella ilumina con sus palabras. Cuando el niño no ha sido asegurado por causa de una madre insegura, enferma, maltratada o muerta, cuando la imagen paterna es aterradora o está ausente, el niño vive en un mundo de sombras inquietantes, peligrosas o persecutorias, ya que no hay un relato que le proporcione una forma de comportarse que le proteja de ellas. Su alma errante y desorientada se aferra a cualquier historia que le tranquilice y dé sentido a sus esfuerzos. Cuando una mente está desordenada, cualquier marco la tranquiliza, sobre todo si es extremo. «Esto es lo que hay», dice el extremista. El mal proviene de los que hacen preguntas, los filósofos y los extranjeros. Sométete y te sentirás mejor.

Así es como el afecto participa en la construcción de la identidad personal y de la identidad del grupo al que uno pertenece: «Sé lo que tengo que decir, lo que tengo que hacer, lo que tengo que creer para vivir bien con ellos». El apego no es una simple interacción,[2] un contacto cuerpo a cuerpo que tranquiliza, sino

---

2. Eller, J. D., «Affect, identity and ethnicity: Towards a social-psychological model of ethnic attachment», *Ethnic Studies Review*, 1996, 19 (2-3), págs. 141-154.

que se convierte en un vínculo con las representaciones de los demás, una asociación mental. Si vemos el mismo mundo, si compartimos las mismas creencias, nos sentiremos bien juntos. Así es como la doxa tiene un efecto tranquilizador.

Cuidémonos de lo que tranquiliza demasiado, pues adormece el pensamiento. A partir del momento en que pertenezco al cuerpo de mi madre, que pertenezco a su lengua (llamada lengua materna), que pertenezco al mundo que ella me presentó con sus palabras, siento la felicidad de pertenecer al grupo al que ella pertenece. Estoy apoyado por estas presiones que tutelan mi desarrollo. Más adelante comprenderé que las explicaciones que doy para describir mi bienestar no están arraigadas en la realidad, sino que dan una forma verbal al sentimiento afectuoso que siento. Me siento bien en el grupo al que pertenezco, llevamos las mismas ropas, los mismos bigotes o cabellos como signos de pertenencia, hacemos los mismos gestos, rezamos igual, utilizamos las mismas palabras para describir el mundo invisible que habitamos todos juntos. Ya no se trata de razonamientos que buscan el acceso a la realidad, se trata de racionalizaciones que dan forma verbal al sentimiento de estar juntos, bien agrupados, bien asegurados, pero cuyos verdaderos motivos son desconocidos o irracionales.[3] El enorme beneficio de pertenecer a una madre, a una familia, a un grupo, proporciona confianza en uno mismo y el placer de estar juntos. Pero este *ethos*, que caracteriza a nuestro grupo y le da sus valores morales, conlleva una tendencia al cierre. Sólo me siento bien en este grupo. Estoy orgulloso de mí mismo porque respeto su moral. Creo que la familia es mejor que el éxito social. Pero me siento incómodo con quienes habitan otro mundo mental, manifiestan otros rituales sociales o religiosos, respetan

---

3. Ionescu, S.; Jacquet, M.-M.; Lhote, C., *Les Mécanismes de défense. Théorie et clinique*, Nathan Université, 1997, págs. 234-239.

otra jerarquía moral. Los siento como no familiares, extraños agresores, prefiero evitarlos.

La necesidad de coherencia en el grupo en el que quiero ocupar mi lugar explica la tendencia al cierre: nos sentimos cómodos entre nosotros. Pero cuando un miembro del grupo se interesa por otro grupo donde descubre otros rituales y otros valores morales, nos debilita al hacernos dudar. Me parece un traidor porque, al mostrarnos otro mundo coherente, pero con una coherencia distinta, relativiza nuestras certidumbres.

Creía que para que las familias estuvieran estructuradas los jóvenes tenían que pedir permiso para tener relaciones sexuales al padre de familia, al Estado y a la Iglesia, eso que llamábamos «matrimonio». ¡Pero este infiel me hace descubrir que se puede vivir en sociedad suprimiendo esta institución! Tenía certezas reconfortantes, sin tener que hacer el esfuerzo de pensar, y ahora este delincuente me hace descubrir que lo que vale para uno no vale para el otro. Los que necesitan certezas se sienten abrumados por el descubrimiento de otro mundo, mientras que los exploradores se deleitan ante esta avalancha cultural. A los adoradores de la certeza les gusta que nada se mueva, les gustan los pensamientos repetitivos y las recitaciones de la doxa, mientras que a los exploradores les gusta alejarse de sí mismos para descubrir mundos inesperados donde todo es siempre nuevo.

En nuestro Occidente moderno, el éxito social está en la cima del *ethos*; admiramos a quienes tienen éxito porque han superado las dificultades y triunfado sobre las rivalidades. El éxito es moral. Otros grupos connotan el éxito con un sentido de arrogancia, de humillación de los que no han triunfado, e incluso como deshonestidad, ya que, dicen, para triunfar hay que aplastar al otro. Es inmoral tener éxito. En cada uno de estos grupos, las personas permanecen juntas recitando eslóganes que ocupan el lugar de la verdad para aumentar la coherencia de la narrativa que sustenta la fraternidad del grupo. En este caso, conviene decir que uno es perseguido para justificar la propia violencia bajo el pretexto de la legítima defensa. El grupo tiende espontáneamente a evolucionar hacia una moral perversa en la que se muestra la solidaridad entre los familiares cortando con los que piensan diferente, ignorando su sufrimiento, dejándolos morir con indiferencia, y a veces, incluso, experimentando un discreto placer.

Amar para pensar

Este vínculo de apego, necesario para el bienestar y el placer de aprender,[1] no puede ser efímero. Para que sea eficaz, debe perdurar y quedar inscrito en la memoria de todos y así fortalecer a los miembros del grupo: «Sé que puedo contar con los demás porque compartimos los mismos rituales y las mismas creencias». Las figuras de apego que entran en juego después de las de la madre, el padre y la constelación familiar sustentan la búsqueda de un desarrollo armonioso. Pero llega una edad en la que la aparición del deseo sexual y el gusto por la independencia invitan a dejar la comodidad de la familia para seguir progresando. El apego necesario para el desarrollo del niño se convierte entonces en un obstáculo cuando la cultura no ayuda al adolescente a salir de su nicho tranquilizador para intentar la aventura sexual y social.[2] El joven se siente prisionero, asfixiado en el nicho afectivo donde antes estaba seguro. La mayoría de las culturas han resuelto este problema natural mediante el matrimonio. Cuando un padre llevaba a su hija al altar para entregarla a un hombre con el consentimiento de Dios y de la socie-

---

1. Pommier de Santi, A., *Pour une relation affective de qualité à l'école maternelle: approche psico-éducative de la relation maître-élève à l'éclairage de la théorie de l'attachement*, tesis doctoral, director M.-L. Martinez, B. Cyrulnik, Universidad de Rouen-Normandía, 2018.

2. Allen, P.; Land, D., «Attachment in adolescence», en J. Cassidy, P. R. Shaver (eds.), *Handbook of Attachment. Theory, research, and clinical applications*, The Guilford Press, Nueva York, 1999, págs. 319-335.

dad, abría el nicho de su infancia para permitir que los jóvenes construyeran su propio hogar con la ayuda y la restricción del entorno cultural. Pero la esperanza de vida hasta el siglo XX era de unos 60-65 años, había pocos abuelos. Hoy en día, cuando un joven espera vivir entre 90 y 100 años, su desarrollo personal está en la cima de sus valores morales. Los padres ya no llevan a sus hijas al altar para entregarlas a otro hombre con el que mantendrá los valores del grupo. Este proceso de independencia es necesario para salir del grupo y perseguir el desarrollo individual. Una sensación de seguridad y de evidencia moral organizaba el antiguo contrato conyugal: el hombre da todo lo que gana a su mujer, es responsable de su hogar. Ella renuncia a todo desarrollo individual para dedicarse a su marido y a sus hijos. Esta regla, que socializó a nuestros abuelos, se convierte hoy día en una prisión grupal, porque impide el descubrimiento de otro grupo, de otra cultura, de otros valores morales.

Este proceso de independencia implica una guerra contra uno mismo y contra aquellos que nos han amado y a quienes hemos amado. La mayoría de las veces, no se trata de un desapego, como se dice a menudo, sino de una reelaboración del apego: tejemos un nuevo vínculo con un desconocido, conservando el vínculo con quienes nos han dado la fuerza necesaria para dejarlos. Esta evolución no siempre es eufórica: «Mis padres necesitaban quererme, no sabían vivir sin el amor paterno. Soy prisionero de su amor, si los dejo, se desmoronan», dicen los hijos que apadrinan a sus padres vulnerables por el alcohol, la emigración, la depresión o una enfermedad grave.[3] A veces, un joven que no tiene fuerzas para intentar la aventura social llega a pensar: «No me habéis equipado para la vida, queréis retenerme con vosotros». Este joven dependiente siente una

---

3. Le Goff, J.-F., «Thérapeutique de la parentification. Une vue d'ensemble», *Thérapie familiale*, 26, 2005, págs. 285-298. Delage, M.; Cyrulnik, B., *Famille et résilience*, Odile Jacob, París, 2010.

sensación de dominio sobre él. Esta palabra, antigua, era gloriosa cuando se refería a «una acción caballeresca»[4] en un contexto que celebraba a los vencedores: «El príncipe domina a su vasallo». Hoy en día, la palabra ha adquirido un significado peyorativo en una cultura que dice no soportar ya las relaciones de dominación. Sin embargo, la relación madre-hijo es una relación de dominio que resulta beneficiosa para el niño, que no tiene ningún interés en escapar del amor de la madre, y para la madre, que vive ese momento como «una locura de amor».[5] El dominio es una aventura afectiva deseable cuando se desea hacer feliz a la persona amada, pensando que sus deseos son órdenes. Pero cuando el amor se apaga, el que había aceptado el dominio se siente engañado: «Te di mi amor y te aprovechaste de mí». Encontramos la misma sensación de sumisión deseada en los fenómenos de masas en los que un líder carismático, un cantante, una figura política provocan un éxtasis consentido... antes del inevitable desencanto.

La cultura desempeña un papel importante en la connotación afectiva que otorgamos a la persona que se apodera de nuestra alma. A muchas mujeres adultas les divierte la fiebre amorosa que sintieron por un cantante cuando tenían 15 años. Muchos chicos anhelan seguir a un líder político cuyo proyecto apenas conocen, pero que les ha encendido el ánimo con un discurso, una bella imagen de aventurero, una barba varonil, un emblema misterioso, una boina o una camisa de explorador. Todas las culturas ofrecen imágenes de candidatos al imperio de los sentidos: un caballero en la Edad Media, un industrial hecho a sí mismo en el siglo XIX, un soldado heroico, un futbolista o cualquiera que pueda encender nuestros deseos.

---

4. Rey, A., *Dictionnaire de la langue française*, Le Robert, tomo 1, 2012, pág. 1163.

5. Neau, F., «La folie maternelle ordinaire», *Carnet psy*, 108, 2021, págs. 12-14.

Delirar según la cultura

Yo conocí a Napoleón. De hecho, conocí a varios cuando trabajaba en los hospitales psiquiátricos. Aquellos hombres disfrutaban mucho haciéndose creer que eran alguien que no eran. Los delirios napoleónicos desaparecieron después de mayo de 1968, porque este personaje grandioso ya no correspondía al imaginario colectivo. En un nuevo contexto cultural, otros héroes dieron forma a nuevos relatos colectivos. Los salvadores religiosos o militares dieron paso a los delirios de las máquinas. El triunfo de la biología y la invasión de los robots ocuparon la vida cotidiana. La «píldora», legalizada en 1969, liberó a las mujeres (y a los hombres) de la angustia de los embarazos no deseados. Pero esta liberación condujo a un cambio en la imagen del cuerpo de la mujer, que dejó el dominio de lo sagrado para entrar en el de la biología: curvas de temperatura, secreciones hormonales, estimulaciones medicamentosas, exploraciones ginecológicas. En el lapso de unas pocas décadas, las máquinas han invadido el hogar, la televisión ha adormecido las tardes, los coches han aumentado los desplazamientos, los robots están transformando a los trabajadores del hogar en ingenieros domésticos y los teléfonos inteligentes conforman ahora un mundo virtual que mejora las comunicaciones y altera las relaciones.

La fascinación por Napoleón es sustituida por el poder de los periodistas: «¿Qué derecho tienen a contar lo que ocurre en mi vida privada?», se indignan los nuevos delirantes, «¿Por qué sus máquinas me envían ondas que me obligan a hacer lo que no quiero? ¿Por qué la bella Adèle establece una relación de dominio conmigo? Soy víctima de la violación de mi vida privada... Es tan bella, tan fuerte y convincente cuando habla, que me manipula en sus programas de filosofía... No pasa un día sin que me acose, insinuando mi intimidad con sus obras de arte... Debido a su poder, no tengo ninguna intimidad... Por muy brillante que sea, es inmoral que me pisotee». Adèle sustituyó a Napoleón, porque da forma a los temas actuales de nuestra cultura: el triunfo de las máquinas y la independencia de las mujeres.

Tras habernos beneficiado del poder de nuestra madre, de su lengua y de su cultura, nos vemos sometidos al poder de las máquinas y de las mujeres que estructuran un nuevo discurso colectivo. Los soldados del Imperio callan, los obreros de Zola ya no tienen el monopolio del heroísmo, el sentimiento de pertenencia a un nuevo grupo modifica la identidad social. Asistimos incluso al retorno de la identidad étnica cuando esperábamos que se atenuara: «Nos sentimos menos negros en un grupo de negros, ya que todos tenemos el mismo color de piel. Excluyamos pues a los blancos, ya que en su sola presencia nos sentimos demasiado negros».

El sentimiento de pertenencia es necesario, delicioso y peligroso: «Me siento bien, tranquilo y fuerte en presencia de aquellos a quienes estoy apegado. Hablamos la misma lengua, nos ponemos la misma ropa, llevamos las mismas insignias, adoptamos el mismo estilo de peinado, bigotes o barbas, marcadores de pertenencia». Todos juntos creamos una situación paradójica pero no contradictoria. Necesitamos que los demás nos den la fuerza necesaria para convertirnos en nosotros mismos.

La doxa occidental glorifica la autonomía, que sólo podemos alcanzar si los demás nos apoyan y fortalecen. Cuando recibo una marca de los demás, me siento identificado, lo que me da valor para continuar mi evolución personal. Cuando ellos no están junto a mí para impregnarse en mi memoria, me siento mal identificado, no tengo ni idea de quién soy en un mundo sin alteridad, sólo puedo centrarme en mí mismo, soy incapaz de tomar un rumbo. Como tengo acceso al mundo de las palabras, también debo compartir las representaciones de los demás. Me hablan de mundos invisibles, de historias pasadas, de sueños futuros. Y como me gustan, quiero creerlos para seguir sintiéndome cómodo a su lado. Compartir una creencia mediada por relatos nos hace ver el mundo que habitamos juntos. Me tranquiliza verlos y ver el mundo que ellos me hacen ver con sus palabras. El hecho de compartir una creencia es incluso más vinculante que la interacción cuerpo a cuerpo, un abrazo o un beso cariñoso.

Es una pena que este enorme beneficio sólo permita ver el mundo iluminado por unas pocas palabras. Cuando las narrativas ignoran otras culturas y creencias, aíslan al creyente y lo encierran en un delicioso delirio. Cuando el conocimiento se reduce a la recitación de la doxa del grupo, encierra al sujeto en una cómoda jaula que domina pero que le aleja de quienes habitan otros mundos. Así es como se forman los delirios lógicos y coherentes, aislados de los demás, y como nos preparamos para odiar a quienes ven el mundo de forma diferente. La más mínima palabra incorrecta será calificada de «blasfemia» para legitimar la exclusión y luego el asesinato de los que no hablan como deben.

Cuando te llamas a ti mismo creyente admites la incertidumbre, ya que reconoces que sólo es posible creer, no saber. Pero cuando ya no hay dudas y el relato se vuelve dogmático, uno encuentra justificaciones morales para imponer su verdad. «Hay que estar loco para no creer en lo que yo creo», dice el paranoico. «Quien no cree como yo es un agresor, porque desafía mis creencias al cuestionarlas, desbarata los dogmas que sustentan mi mundo. Actúo en defensa propia cuando envío una carta de denuncia a la comisaría, cuando hago que metan a mi agresor en la cárcel, cuando, tolerante como soy, hago que lo deporten y lo reeduquen, también cuando, a veces, me veo obligado a hacer que lo fusilen. «Así piensan los que han convertido sus creencias en certezas».

¿Podríamos vivir sin creencias, sin representación de lo que no podemos percibir? Viviríamos en lo inmediato: respirar, dormir, comer, sólo por el placer del consumo. Resulta que nuestra capacidad de hablar nos hace capaces de sentir en nuestro cuerpo la maravilla o el horror que evoca un mundo invisible: «Basta con hacer un gesto y decir tres palabras para limpiarte de tus pecados. Pero si os negáis a someteros a nuestras metáforas, seréis malditos durante tres generaciones y vuestros hijos sufrirán por vuestros pecados». El creyente reconoce la posibilidad de la duda, ya que admite que cree, pero cuando esta creencia se transforma en recitaciones, la palabra se convierte en un arma para silenciar al otro.

En cualquier población, algunas personas experimentan el placer de la duda que invita al cuestionamiento. Pero en la misma población viven aquellos para quienes la certeza es una seguridad. ¿Cómo queréis que no haya guerra? La incertidumbre invita a buscar otra posibilidad, un viaje, un encuentro que nos haga cambiar de opinión. «Este proceso es a veces tortuoso»,[1] pero es evolutivo. Así que los adoradores de la certeza petrifican el pensamiento. Los evolucionistas erotizan la duda, la sorpresa, lo inesperado, aceptan la angustia inherente a la existencia. Los inmovilistas prefieren la paz, la que dice la verdad total, la única, la del líder, el espíritu superior al que sólo hay que obedecer para conseguir el poder, imponiendo su ley para que reine el orden. ¿Cómo queréis que no haya guerra? La duda patológica impide que los obsesivos actúen, porque ellos buscan la certeza absoluta: «He limpiado el pomo de la puerta, pero creo que todavía hay gérmenes. Tengo que empezar de nuevo».

---

1. Astor, D., *La Passion de l'incertitude*, Éditions de l'Observatoire, París, 2020, pág. 16.

«No estoy seguro de haber tomado la decisión correcta: vamos a comprobarlo». Esta duda impide cualquier decisión. La duda obsesiva impide la verdad, mientras que la duda evolutiva descubre muchas verdades: «Esto es cierto hoy, en este contexto, pero ¿mañana en otro contexto...?». El obsesivo permanece inmóvil a fuerza de comprobar, mientras que el explorador se moviliza a fuerza de buscar en otra parte. Los caminos hacia la verdad son distintos.

Creer en el mundo que inventamos

Viktor Frankl no quería el juicio de Núremberg, prefería intentar comprender el mundo mental de aquellos increíbles criminales. El odio, al apoderarse de su conciencia, habría impedido a los nazis descubrir un mundo distinto: «¿Cómo es posible cometer un crimen así sin sentir culpa?». Pero para que esto fuera posible, Viktor tuvo que haber adquirido antes de Auschwitz factores de protección que le permitieran sentir placer al explorar el mundo. Hannah Arendt descubrió en Jerusalén que detrás de la apariencia del hombrecito Eichmann se escondía un gran criminal. Seguía amando a Heidegger, gran filósofo y miembro del comité central del partido nazi, y reconocía que algunos judíos habían colaborado con el nazismo. En los años de la posguerra, su marido y sus amigos necesitaban certezas: «El nazismo es el mal... Los judíos son personas inocentes que han sido asesinadas. Eso es, está claro», dijo su marido. «Está claro, pero no es del todo cierto», añadió Hannah, quien debido a este matiz fue odiada por los suyos. «El sentido de pertenencia a un movimiento de conjunto permite superar la maldición de la soledad. Otra ventaja es saber la respuesta a todas las preguntas en lugar de vacilar o recaer en la duda».[1] El beneficio del pensamiento en masa es que te sientes tan en sintonía con el grupo que, de repente, tienes la impresión de entender con facilidad.

---

1. Todorov, T., *Mémoire du mal, tentation du bien. Enquête sur le siècle*, Robert Laffont, París, 2000, pág. 109. [Trad. cast.: *Memoria del mal, tentación del bien: indagación sobre el siglo XX*, Ediciones Península, Barcelona, 2002].

«Es verdad porque todos a los que quiero también lo afirman». Este maravilloso momento evoca la relación de sometimiento amoroso de un hijo a su madre o de un grupo a su líder. Maravillosa trampa del pensamiento.

Alfred Adler, en un contexto cultural que promovía al superhombre, sostenía tranquilamente que «todos los aspectos de un ser representan un valor, [...] una forma desviada puede ser creativa. [...] Sentirse humillado puede justificar una respuesta defensiva».[2] Estos pensamientos «contradoxales» refuerzan la autenticidad del pensador. Los dogmáticos, en cambio, acaban perdiendo toda la autenticidad al limitarse a recitar las consignas del grupo. Como ya sabemos lo que van a decir, no hace falta hablar, sólo necesitamos unirnos al coro para sentirnos unidos. La renuncia al trabajo de pensar aporta el beneficio del menor esfuerzo. El grupo está unido cuando todos hablan igual. La participación en un coro facilita el éxtasis porque las emociones son más vívidas cuando se experimentan en grupo. Recuerdo un experimento en el que el científico[3] pidió permiso a algunas personas para filmarlas mientras se les mostraban secuencias de tortura, comedia, desesperación o erotismo. Cuando estas personas estaban solas, sus rostros estaban inertes, pero bastaba que un compañero se acercara y se sentara a su lado, sin mediar palabra, para que aparecieran de inmediato las mímicas correspondientes a las escenas de tormento, alegría, tristeza o voluptuosidad. La mera presencia muda de otro facilitaba la expresión de las emociones. Es triste ir al cine solo, pero en pareja o en grupo las emociones son intensas. Tal vez esto explique por qué los dogmáticos participan fácilmente en manifestaciones de masas en las que la repetición de fórmulas prefabricadas, los

---

2. Adler, A., *Un idéal pour la vie*, L'Harmattan, París, 2002, pág. 124.

3. Frey, S., «Émotion observable en éthologie», *Synapse*, número especial, marzo de 1991, págs. 33-38.

gritos, los aplausos y la justa indignación provocan éxtasis desprovistos de razones. Al evitar el trabajo de reflexión, el grupo funciona mejor, la embriaguez se alcanza más rápidamente.

Hannah Arendt desconfiaba del sentido de pertenencia: «Nunca he amado a ningún pueblo, a ninguna comunidad, ni al pueblo alemán, ni al pueblo francés, ni al pueblo americano, ni a la clase obrera, ni a ninguno de ellos. Yo "sólo" quiero a mis amigos, y el único tipo de amor que conozco y en el que creo es el amor a las personas».[4] Hannah no podía amar a una categoría que esquematiza el pensamiento. No podía decir «amo al obrero... amo al alemán». Pero podría haber dicho «amo a este hombre que es obrero... amo a este alemán con quien puedo reflexionar». Hannah utilizaba sus pensamientos como un agricultor, un labrador que sabe cuándo una tierra es arcillosa o arenosa porque ha establecido un comercio carnal con ella, la ha sentido bajo sus pies, la ha palpado con sus dedos, ha olfateado su olor, lo cual le ha aportado un conocimiento sensorial, concreto, material. Este conocimiento auténtico, sentido en su cuerpo, alimenta una representación: «He conocido el hambre... La desesperación ha dejado su marca en mí... He sido tocado en mi carne y en mi memoria, y de ello he extraído una experiencia enraizada en la realidad». «Una tierra arcillosa es adecuada para las patatas, pero los cítricos crecen mejor en una tierra arenosa... El hambre paraliza la mente. La desesperación invita a la ensoñación para no rendirse a la muerte». Este modo de conocimiento es el de los clínicos, que deben palpar un vientre para sentir la placa dolorosa de la apendicitis. Este modo de conocimiento arraiga en una semiología del labrador.

---

4. Del diálogo epistolar de Hannah Arendt con Gershom Scholem, en G. Scholem, *Fidélité et utopie, Essai sur le judaïsme contemporain*, Calmann-Lévy, París, 1994, págs. 217-222; citado en A. Wieviorka, *Mes années chinoises*, Stock, París, 2021, pág. 28.

A veces la experiencia no necesita tierra. Los que se encuentran con Dios experimentan un conocimiento no-ético, una revelación que los lleva a la espiritualidad. Este conocimiento es provocado tanto por el éxtasis como por la angustia. Encuentran a Dios como una evidencia invisible. Sé que existe y que me protege, porque me siento feliz desde que creo en Él, en este «Dios escondido en el fondo de mí».[5] El éxtasis de los dogmáticos viene del hecho de estar juntos, exaltando cada uno la emoción del otro. Pero también puede resultar del encuentro repentino con una entidad invisible que se siente en lo más profundo. Hay que rezar juntos, cantar, aplaudir, indignarse y adorar al que ha querido revelarse. Un amor como éste consolida al grupo del mismo modo que un bello odio une a quienes atribuyen el Mal a un chivo expiatorio. A los dogmáticos les encanta la fiebre de las visiones claras que provoca el amor a lo Mismo y el odio a lo Otro. En las manifestaciones masivas, la emoción exacerbada prepara el terreno para la acción que frena la reflexión.

La sumisión a la pulsión es una fuente de felicidad para los chicos de los barrios desculturizados: «¿Viste qué valiente fui enfrentándome al poli?». Se sienten orgullosos de sus pasajes al acto cuando viven inmersos en una idea demasiado clara, demasiado bien definida y, por tanto, aislada de la realidad, que siempre es un poco sucia, un poco ambivalente: «Todos juntos obedecemos a una representación que nos hace ser como el caballero del Bien, autorizado a dar muerte a los que no piensan como nosotros». La sumisión proporciona una gran alegría a quienes acuden a los espectáculos de masas (ópera, discursos políticos o fútbol) para ser enardecidos por clichés coreados hasta perder la cabeza. A fuerza de recitar las mismas fórmulas,

---

5. Frankl, V., *Le Dieu inconscient. Psychologie et religion*, Inter Éditions, París, 2012, pág. 47. [Trad. cast.: *La presencia ignorada de Dios*, Herder, Barcelona, 2011].

acabamos creyendo en ellas; ya que cualquier matiz habría impedido la claridad abusiva del fanático.[6]

Yo pertenezco a la familia mental de Hannah Arendt. Cuando ella describe a un hombre transparente que se pone a trabajar en su oficina para erradicar al Judío, no ve a un monstruo que asesina, sino que dibuja a un funcionario que vive inmerso en la idea que él tiene del Judío y cree que hace el bien cuando organiza la muerte de cientos de miles de personas.

Delirio lógico: si se argumenta que el judío es responsable de la infelicidad del mundo, si se cree que la palabra del Führer es sagrada, resulta lógico erradicar el mal y participar en una obra de higiene social. Es posible rellenar un expediente, teclear y firmar una orden administrativa sin imaginar la realidad que de ello resultará: la muerte de millones de personas mediante el gas, las armas, el hambre, el tifus y la podredumbre. Cuando se acepta como intocable la verdad procedente de un líder religioso, ideológico o científico, no hay ni evaluación ni culpa: reina el orden. Y cuando la realidad se vuelve insoportable, se evitan las palabras que habrían permitido percibirla.

Creemos tanto en el mundo que inventamos que lo habitamos con total convicción. Una aprehensión sensible de los acontecimientos permite entender por qué el 60% de los judíos convocados el 14 de mayo de 1941 en las comisarías para «evaluar la situación, acudieron a la convocatoria… en los vagones de su último viaje», y que «la mayoría de ellos todavía creía que los llevaban a trabajar al Este».[7] Evitar el raciocinio para someterse mejor a un relato que se aleja de la realidad supone un gran beneficio: ya no tememos nada, permanecemos todos juntos y experimentamos la ilusión del bienestar.[8]

---

6. Birnbaum, J., *Le Courage de la nuance*, Seuil, París, 2021, pág. 27.
7. Mercier, A., *Convoi n° 6*, Le Cherche Midi, París, 2005, pág. 18.
8. Taylor, S. E.; Brown, J. D., «Illusion and well-being: A social psycholo-

El hermano de mi padre estaba encantado con la idea de vivir en Francia. Era ingeniero químico y había creado un equipo de fútbol para jugar con los trabajadores de la cementera. Estudiaba un doctorado en literatura francesa tan sólo por el placer de codearse con los grandes autores. Cuando un vecino le dijo: «Señor Léon, no vaya a la comisaría», se enfadó y dijo: «Estoy en Francia, el país de los derechos del hombre». Fue a la comisaría y nunca más se supo de él. Su nombre fue hallado en un archivo de Auschwitz.

Me pregunto si yo también me beneficié de esta protección del delirio lógico. ¿El soldado de uniforme negro que me enseñó la foto de su hijo pequeño, quería realmente compartir un momento afectuoso conmigo? ¿Me vio realmente el agente que me sabía escondido bajo el cuerpo de la mujer moribunda y dio la señal de partir? Tengo un recuerdo que consiste en una imagen, confirmado por la Sra. Descoubès, la enfermera que me vio hablar con el alemán de uniforme negro y por Mme. Blanché, la señora bajo la que me escondí. Yo añadí a estas imágenes la connotación de una intención humana que estos soldados quizás no tenían, pero que necesitaba para soportar tal realidad. A menudo leo en las publicaciones de psicología que hay que tener ideas positivas para sentirse mejor a pesar de la desgracia. Una autopercepción clara sería un signo de salud mental. Me pregunto si un delirio lógico no tendría un efecto más protector. Mis recuerdos precisos envueltos en una connotación mejorada (al que me quería muerto le gustaba hablar conmigo... el capitán me vio y dio la señal de partir) me ayudaron a no desesperar, a creer en la bondad humana y a reanudar un desarrollo no demasiado persecutorio. Quise creer que el mundo no es totalmente cruel y que siempre hay algo de esperanza.

---

gical perspective of mental health», *Psychological Bulletin*, 103 (2), 1998, págs. 193-210.

Sin duda, Eichmann disfrutaba creyendo en la palabra del líder que sabía de dónde venía el mal. El Führer ordenó a Eichmann que realizara los sueños a los que había aspirado desde su infancia. Nos dejamos subyugar por quien nos impone su ley para nuestro mayor beneficio.[9] Nos sometemos con gusto al dictador que nos ordena realizar nuestros deseos más oscuros.[10] Nuestra necesidad de pertenencia nos hace cómplices de los tiranos que nos esclavizan. Ya desde el principio de la vida estamos ansiosos por pertenecer al grupo: «Entré en la escuela primaria en 1938, cuatro años después me esperaba el servicio obligatorio en las Juventudes Hitlerianas. [...] El ambiente político, el adoctrinamiento diario y la sofisticada propaganda eran tales que los chicos y chicas de mi edad aspiraban a llevar el uniforme, que en el caso de los chicos incluía un puñal que llevaban con orgullo en el costado. [...] Los deportes, la camaradería, las canciones y el *Kriegspiel* [juegos de guerra] nos preparaban astutamente para el frente [ruso] que nos estaba destinado y cumplían las expectativas de un joven en busca de un ideal».[11]

Oscar Levit nació de padre judío y madre protestante. Para protegerle, no se le dijo que el hombre que venía a ver a su madre era su padre. Así, el niño participó con alegría en la educación nazi. Este proceso es habitual, ocurrió con los guardias rojos maoístas, las *Hitlerjugend*, los niños jenízaros robados a sus padres cristianos para servir al gran señor turco, los yihadistas y todos los esclavos voluntarios de las causas extremas. Cuando una cultura es un desierto de sentido, la necesidad de un ideal y una pertenencia apuntala una personalidad en desarrollo. Tan sólo hace falta un bello relato. Pero no sólo las palabras tienen

---

9. Chaignot, N., *La Servitude volontaire aujourd'hui. Esclavages et modernité*, PUF, París, 2012.

10. Cyrulnik, B., «Préface», en edición colectiva, *Le Petit La Boétie illustré*, Les Éditions du Ruisseau, Vitrac (Dordogne), 2020.

11. Mercier, A., *Convoi n°6*, *op. cit.*, pág. 156.

significado. Un paralenguaje, un estilo teatral, una gran puesta en escena con una multitud en movimiento, dan una impresión de armonía y poder. Banderas, orquestas, tambores, trompetas y cañonazos encandilan a esos jóvenes. No pueden resistirse a una bella puesta en escena que enardece la emoción y devalúa la razón.

El gusto por la dependencia es una característica del mundo vivo. Tan sólo podemos existir con los demás: los árboles envían señales químicas y térmicas, los peces se mueven en bancos, las aves en bandadas, los mamíferos en grupos organizados, y los seres humanos añaden a estas causas orgánicas determinantes narrativas que aseguran aún más la cohesión del grupo. Cuando se habla el mismo idioma con el mismo acento, cuando se cantan las mismas consignas, las personas se sienten deliciosamente integradas en el grupo. Pero «quien fomenta una concepción exclusivamente personal del desarrollo… va en contra de cualquier compromiso con la sociedad».[12] ¡Muerte al rompedor de encantos! Al preservar su libertad interior, al pensar por sí mismo, se desvincula del beneficio afectivo de las consignas.

---

12. Taylor, C., *Le Malaise dans la modernité*, Cerf, col. «Lexio», París, 2015, pág. 51.

Colorear el mundo que percibimos

La connotación afectiva de la percepción de la realidad se adquiere durante nuestra más tierna infancia, cuando el nicho sensorial de los primeros mil días impregna nuestra psique de un sentimiento de placer por la vida, si es estable y estructurado. El niño percibirá el mundo con un sabor amargo si su nicho es pobre o violento.[1] Así, moldeado por su entorno precoz, nuestro aparato para ver y sentir el mundo ha adquirido la capacidad de seleccionar la información que construye su realidad. Cuando una desgracia familiar o social ha empobrecido el nicho sensorial de los primeros mil días, el niño inseguro percibe todo lo que viene del mundo exterior como una alarma. Pero cuando el niño se ha sentido seguro desde una edad temprana, experimenta esa misma información como un juego o una invitación a explorar. Cuando los niños llegan a la edad en que son capaces de dar forma verbal al mundo que perciben, los que han vivido inseguros componen relatos de persecución en los que expresan su forma de ver el mundo. Cuando estos jóvenes permanecen aislados, su mundo lleno de dolor adquiere la forma de la paranoia: sufren, se indignan al ser perseguidos, aunque sean inocentes, se rebelan en un acto de legítima defensa que los lleva a atacar y a veces a matar a la persona a la que atribuyen su malestar. Entonces se entrenan para recitar fórmulas prefabricadas que expresan su

---

1. Smith, J. (ed.), *Le Grand Livre des 1 000 premiers jours de vie*, Dunod, París, 2021. Y edición colectiva, *Les 1 000 premiers jours. Là où tout commence*, Ministère des Solidarités et de la Santé, 2020.

desolación y animadversión por el responsable de la desgracia: el rico, la élite, la empresa, el sistema que se ha apoderado del mundo. «Nos sentimos mejor ahora que un salvador, un filósofo, un científico nos ha hecho comprender que nuestra desgracia proviene de las brujas... de los judíos... de los árabes... de los extranjeros... de los que no piensan como nosotros. «Este relato tiene un poder explicativo, coherente, reforzador y benéfico, aunque no se base en ningún hecho real. Los grupos de personas maltratadas se benefician de estos delirios lógicos, aislados de la realidad, pero tan reconfortantes que su coherencia verbal crea «una ilusión benefactora».[2] Nombrar a un agresor proporciona una extraña sensación de bienestar, una buena opinión sobre uno mismo, una claridad que no necesita validación. La corriente que arrastra estas ideas es suficiente para dar felicidad al rebaño que se alimenta de frases hechas.

Los labradores que tienen los pies en el suelo construyen una realidad distinta. Su saber laborioso es arrancado de la realidad como la experiencia del vendedor de caballos, que es el único que ve que su caballo cojea. Quienes han adquirido previamente una apacible confianza en sí mismos disfrutan argumentando. Pero los que perciben el mundo con amargura sólo se calman con las certezas que aportan los delirios lógicos. Les gusta aferrarse a los enunciados sin pruebas. Por eso, la argumentación trata más de la enunciación que del enunciado, más de la manera de decir que de lo que se dice. La música de las palabras y el teatro de los gestos tienen más poder de exaltación que las ideas. La elocuencia es un arte que produce convicción, mientras que la razón austera no se lleva la palma.

Me imagino que en la época del Sr. y la Sra. Sapiens, hace 300.000 años, cuando vivíamos en clanes de unas 30 personas y

---

2. Taylor, S. E.; Brown J. D., «Illusion and well-being: A social psychological perspective of mental health», art. cit., pág. 195.

cuando moríamos a los 30 años, había muchos apareamientos, pero las parejas eran escasas. Cuando llegaba un niño, el grupo se hacía cargo de él, no era necesario saber quién era el padre. La noción de padre llegó cuando el grupo creció y el niño necesitó algunas figuras familiares a su alrededor. Una persona no es nadie, pero demasiada gente tampoco lo es. Los números impiden la personalización. Así apareció la noción de familia que, después del clan, individualizó al padre. «Él lo hizo», dijo la Sra. Sapiens, y el grupo responsabilizó a este hombre designado: «Ya que plantaste a este niño en la Sra. Sapiens, ahora tienes que ocuparte de él».

Antiguamente, en los pueblos, el archipiélago familiar del que hoy hablamos existía en forma de familias apiñadas en sus casas. Ciertos grupos familiares, protectores y limitantes, se construyeron en torno a la ley del padre. Pero cuando algunas familias vivían en una violencia extrema, todos en el pueblo hacían la vista gorda para seguir viviendo en paz. Lo sabemos, pero evitamos ser conscientes: eso es la negación.

Cuando surgió la industria (entre finales del siglo XVIII y principios del XIX), se combinó con el capitalismo para dar poder a hombres emprendedores, ricos y autoritarios. Se necesitaban palabras para justificar este poder. El Código Napoleónico (1804) dio la forma legal que estructuró las familias durante casi dos siglos en Occidente. Los padres de familia fueron descritos como hombres fuertes, inteligentes y autoritarios, a veces demasiado, pero igualmente admirados. Las mujeres aparecían representadas como bellas, amas de casa, madres queridas, incapaces de luchar en las guerras o bajar a las minas: todo ello definía al sexo débil.

El *Homo habilis* apareció hace dos millones y medio de años, y la tecnología se manifestó por primera vez en la talla del sílex, la domesticación del fuego, la fabricación de armas y la maquinaria agrícola. Luego, en dos siglos (XIX y XX), la tecnología experimentó un desarrollo explosivo y creó una nueva forma de ser humano. Entonces aparecieron dos discursos: el de los técnicos que explicaban cómo construir una máquina y los ideólogos que buscaban razones para legitimar el dominio, por parte de los propietarios, de los aparatos de producción.

En el siglo XXI se habla de fondos de inversión, de jugar en la Bolsa y de planes de pensiones. Estas nuevas palabras se refieren a organizaciones abstractas, papeles, cifras y gráficos en pantallas que evocan las entidades invisibles que nos gobiernan. Los detentores de este nuevo poder ya no son los hombres fuertes de la agricultura o de las fábricas, son «los que dominan la información útil: las estrellas del GAFAM, los directores de empresa, los expertos, los gestores».[3] Estamos ya muy lejos de los cazadores-recolectores, de los productores de bienes y de los comerciantes que tienen los pies en la tierra. El poder pertenece ahora a los «logócratas» que saben hacer hablar a los ordenadores. La magia de la tecnología nos hace vivir en un mundo incorpóreo que revela una realidad virtual donde las emociones ya no las despiertan los cuerpos de los demás, sus sonrisas, sus enfados y sus palabras, sino signos abstractos que representan el mundo. Este proceso refuerza el «delirio lógico«: lo que se dice es coherente, está bien ordenado, pero se aleja de las percepciones reales.

Cuando se descubrieron las hormonas a principios del siglo XX, nadie las había visto. Bastó con creer en ellas y confiar en las revistas científicas. La palabra «hormona« fue suficiente para explicar las diferencias entre hombres y mujeres, lo que inmediatamente condujo a la idea de que, dado que las hormonas de las mujeres cambian durante su ciclo (foliculina y luego progesterona), no deberían tener derecho a votar, porque podían cambiar de opinión. Hoy en día, las mujeres en el poder utilizan el mismo razonamiento ridículo. Creen que la testosterona

---

3. Seys, J.-C., «Billets d'humeur», *Institut Diderot*, 5 de julio de 2021.

vuelve a los hombres brutales, lo que explica sus malos modales políticos: «Hay demasiada testosterona en la Asamblea», dijo la directora del Fondo Monetario Internacional.

¿Es la clínica más fiable que la ciencia? Desde que cierta literatura dice que los jóvenes pueden elegir su género, un número creciente de niñas preadolescentes están tomando altas dosis de testosterona. Descubren que su voz se vuelve más grave, que su menstruación desaparece y que les crece vello bajo la nariz.[4] Estas jóvenes dicen tener una nueva sensación de bienestar, ganan confianza en sí mismas, se vuelven emocionalmente estables, están menos deprimidas y expresan sus deseos sexuales con más facilidad. ¿Esta mejora se la deben a la hormona masculina o a la nueva representación que se hacen de ellas mismas? Sintiéndose hombres gracias a su voz grave y a vello bajo la nariz, experimentan por fin una congruencia entre sus cuerpos, que se vuelven más masculinos, y el deseo de dejar de pertenecer al sexo que les angustia: «Yo, chica, me estoy convirtiendo por fin en quien soñaba ser». Una prescripción médica, una dosis hormonal, alimentan una representación que actúa sobre el estado de ánimo, algo que quizás sólo tiene una realidad de papel. No hay pruebas de que el aumento de testosterona haga más felices a las mujeres.

Por otra parte, es fácil demostrar que un bello discurso puede conmover o enfurecer. ¿Serías capaz de leer sin emoción unas palabras dirigidas por un padre a su hija que se ahogó?

> Mañana, al amanecer, a la hora en que blanquea el campo.
> Partiré. Ya ves. Sé que me estás esperando...
> [...] No puedo estar lejos de ti por más tiempo...
> Y cuando llegue, pondré un ramo de flores sobre tu tumba
> De acebo verde y brezo florecido.

---

4. Bosom, M.; Medico, D., «My first year on testosterone: analysis of the trans experience through YouTube channels», *Sexologies*, 30 (2), 2021, págs. 94-99.

Cuando Victor Hugo salió de la estupefacción causada por la muerte de su hija Leopoldine, sintió la necesidad de hablar de ella para mantenerla viva un poco más, en su memoria y en su corazón. Estas pocas palabras han actuado sobre el alma de muchos lectores afectados. Esto no significa que una hormona o una sustancia estimulante o depresora no puedan alterar también el estado de ánimo.

> Llora en mi corazón
> Como llueve sobre la ciudad.
> ¿Qué es este anhelo
> Que penetra en mi corazón?

Con estas palabras, Verlaine dio forma a una tristeza sin razón, a un sentimiento abrumador cuyo origen desconocía.

> Es la peor pena
> No saber por qué
> Sin amor y sin odio
> Mi corazón tiene tanta pena.

Dar forma verbal a la realidad y a lo que sentimos

Los psicoanalistas llaman a este fenómeno «racionalización», es decir, cuando un sujeto que se siente repentinamente triste sin motivo da forma verbal a su abatimiento. Es un «procedimiento por el cual una persona deprimida busca dar una explicación coherente... a un sentimiento cuyos verdaderos motivos no son percibidos».[1] Esto dista mucho del pensamiento del labrador que habla de lo que sabe (*labeur* = trabajo, *orare* = hablar). «Percibo que la tierra está seca, así que imagino que los granos de trigo serán pequeños», podría decir. Cuando racionalizamos, no sabemos por qué nos seduce o nos repele una persona o una teoría. Ignorar el origen de una atracción o repulsión no nos impide darle una forma razonable y coherente.

De este modo, podemos convencernos a nosotros mismos y arrastrar a los que racionalizan como nosotros, afirmando que tenemos la verdad. Nuestro discurso coherente nos permite recitar, todos juntos, las mismas racionalizaciones: «Lo que digo es cierto porque utilizo las mismas palabras que este hombre al que admiro», podría decir el rebaño.

---

1. Laplanche, J.; Pontalis, J.-B., *Vocabulaire de la psychanalyse*, PUF, París, 1973, pág. 387.

La racionalización, que crea la ilusión de comprensión, revela de hecho la forma en que experimentamos la realidad.[2] Un discurso racionalizador no habla de la realidad, habla de la impresión que la realidad nos causa. Algunos discursos son quejas continuas en las que el sujeto sigue encontrando razones para explicar su malestar, pero estas razones no son las causas. Otros son ajustes de cuentas en las que el autor habla para vengarse de la desgracia que atribuye a otro. Algunas secuencias de recuerdos conforman súplicas que se denominan «autobiografía». Y muchas declaraciones políticas son un síntoma del deseo totalitario. El Irán de los ayatolás, la Rusia de Putin y la Turquía de Erdogán cuentan la misma historia:[3] había una vez un líder cuya inteligencia infalible había salvado del caos a un pueblo esclavizado por ricos villanos. El líder afirmó tener una misión liberadora. Hablaba el lenguaje del pueblo, prometía sueños emocionantes, predecía una aventura apasionante que liberaría al pueblo de la humillación de los dominantes y de la corrupción de los poderosos. Estos argumentos no eran falsos, pero las frases adquirían un efecto tranquilizador al arrojar luz sobre un sentimiento de malestar. Gracias a estas declaraciones se despejó la niebla, salimos del caos, hicimos planes, localizamos al enemigo exterior, preferiblemente un inmigrante o un enemigo cercano, un vecino en el que antes confiábamos, cosa que le había permitido estafarnos. La indignación era la reacción normal, adecuada a un relato así, y el líder que nos había mostrado el camino ordenó lo que había que hacer para combatir a los agresores. Obedecimos ciegamente, estábamos tan convencidos de su veracidad que nuestra conformidad desencadenó un proceso social que no necesitó de leyes para llevarse a cabo.

---

2. Nesse, R. M., *Good Reasons for Bad Feelings. Insights from the Frontier of Evolutionary Psychiatry*, Dutton, Nueva York, 2019.

3. Bozarslan, H., *L'Anti-démocratie au XXIe siècle. Irán, Rusia, Turquía*, CNRS Éditions, París, 2021.

¿Queréis algunas recetas para un buen discurso totalitario? Decid:

- Seré tu héroe.
- Deseo morir por ti.
- Habla con sencillez, utiliza a menudo la palabra «pueblo».
- Haz una referencia vulgar de vez en cuando, no demasiado, sólo lo suficiente para aliñar un poco tus palabras y evitar la etiqueta «élite arrogante».
- Al nombrar al enemigo externo (extranjero) o interno (traidor), haz gestos ilustrativos como un cantante de ópera que es asesinado por un compañero de escena.
- Concluye con un lema rotundo: «Si quieres ser libre, obedece. Vótame».

Comprobaréis que, gracias a esta receta, un gran número de dictadores han sido queridos y elegidos democráticamente. En Pakistán se acaba de crear un partido antiélite,[4] que perpetúa el odio a los clérigos, existente en Francia desde que se inventó la imprenta.[5] Reflexionar sobre el lenguaje totalitario significa detectar las palabras que se apoderan del pensamiento. Todo el lenguaje del cuerpo y de la oralidad da forma a lo que se siente, más que a lo que es. Cada palabra revela el segmento del mundo que ilumina. Somos sinceros cuando nos dejamos llevar por los relatos que, como un proyector, dejan ver lo que iluminan. Por eso sentimos la evidente necesidad de eliminar a quienes no ven el mismo mundo que nosotros.

---

4. Mohsin, M., *The Impeccable Integrity of Ruby R.*, Penguin Viking, Nueva York, 2020.

5. Al-Matary, S., *La haine des clercs. L'anti-intellectualisme en France*, Seuil, París, 2019.

George Orwell mostró el camino,[6] poco antes que Hannah Arendt[7] y Albert Camus.[8] Las circunstancias de la vida de Orwell construyeron en él un aparato para ver un mundo particular. Las palabras que vienen a la mente para describir una situación presente no son las que relatan el mismo acontecimiento pasado.[9] En la época en que se recomendaba el castigo corporal como forma de educar a los chicos, se decía que había que adiestrarlos, como se adiestraría a un animal salvaje, el 80% de los adolescentes golpeados en público decían sentirse humillados. Sin embargo, cuando se les preguntó por este acontecimiento treinta años después, sólo el 30% utilizó esa palabra.[10] La mayoría de los adultos contaron el recuerdo reelaborándolo: «No fue nada, vi a otros que pasaron por lo mismo». El mero transcurso de la vida había cambiado la representación de su pasado y la palabra «humillación» ya no designaba el mismo hecho.

En los años 1930, George Orwell era casi un vagabundo cuando, para ganarse la vida, enviaba columnas semanales a la revista inglesa *Tribune*. Describió el auge de las teorías extremas asociándolas a las minucias de la vida cotidiana. Cuando releyó sus columnas en 1943, escribió: «Si quieres sentirte infalible, es mejor no escribir un diario. Hojeando el que guardé en 1940 y 1941, me doy cuenta de que me equivoqué casi siempre que era posible equivocarse. Sin embargo, no estaba tan equi-

---

6. Orwell, G., *1984*, Gallimard, París, 1950. [Trad. cast.: *1984*, Editorial Austral, Barcelona, 2022].

7. Arendt, H., *Le Système totalitaire, tome 3: Les Origines du totalitarisme* (1951), Seuil, París, 1982. [Trad. cast.: *Los orígenes del totalitarismo*, Alianza Editorial, Madrid, 2006].

8. Camus, A., *L'Homme révolté*, Gallimard, París, 1951. [Trad. cast.: *El hombre rebelde*, Editorial de Bolsillo, Madrid, 2021].

9. Peschanski, D. (ed.), *Mémoire et mémorialisation*, París, Hermann, 2013.

10. Offer, D.; Offer M. K.; Ostrov, E., *Regular Guys. 34 Years beyond Adolescence*, Springer, Nueva York, 2004.

vocado como los expertos militares».[11] Desde muy temprano, utilizó la noción de totalitarismo, la cual explica cómo el lenguaje totalitario implica no sólo la eliminación de los opositores, sino también la erradicación de todas las opiniones divergentes. Cuando escribía en sus cuadernos sobre su vida cotidiana en 1931, los pequeños hechos diarios no permanecían en el recuerdo en 1941, cuando el contexto bélico ya no les daba ningún valor adaptativo. En cambio, cuando percibió el auge de la retórica extrema nazi, comunista, capitalista y militar, no se unió a ella, no se dejó intoxicar. Esta distancia verbal le permitió tener presente lo que Hannah Arendt llamó más tarde «libertad interior». Ser un marginado en los años 1930, cuando las naciones hacían discursos que preparaban la guerra, permitió a Orwell no caer prisionero de una teoría extrema. Al escribir sus crónicas, llenas de hechos insignificantes que merecían ser olvidados, el novelista se sentaba en una silla plegable desde donde podía observar el teatro de los totalitarismos. Gracias a que estaba al margen, pudo analizar cómo una idea lógica puede convertirse en locura cuando se separa de la sensibilidad de la vida cotidiana. «La lógica de una idea se desprende de lo que es el funcionamiento de las ideas, y acaba adoptando su propia lógica. Se vuelve una locura en el sentido de que ya no reconoce las cosas que pueden detenerlo».[12] Hitler no se equivocaba cuando repetía en sus mítines que Alemania no podía reconstruirse por culpa del Tratado de Versalles (1919). Todo el dinero se iba al extranjero como reparación de guerra. Los judíos son todopoderosos, dijo, tienen el dinero, el poder y el intelecto, y Alemania perdió la guerra, lo que demuestra que ellos nos traicionaron. Así, apoyándose en un postulado indemostrable,

---

11. Citado en Dewitte, J., *Le Pouvoir de la langue et la Liberté de l'esprit. Essai sur la résistance au langage totalitaire*, Michalon, París, 2020, pág. 35.

12. Bouretz, P., *¿Qu'appelle t'on philosopher?*, Gallimard, París, 2006.

se desplegó todo un sistema lógico sin que la realidad viniera a matizarlo: son poderosos... perdimos la guerra... así que no hicieron nada para defendernos... es justo castigarlos... para recuperar los bienes que sólo ellos tienen... establecer un sistema de ideas que legitime la acción de la policía... concentrarlos en campamentos y evitar que molesten. Tal secuencia de razones totalmente explicativas, sin matices ni impugnaciones posibles, termina por justificar la desaparición del pueblo culpable. Nunca se mencionó la vida cotidiana de los judíos alemanes, ni su lucha por defender a Alemania durante la Primera Guerra Mundial, ni su orgullo por participar en la cultura germánica, ni el origen de su riqueza. Como no se les permitía poseer tierras, construir casas o tener empleados cristianos, sólo les quedaban las profesiones intelectuales: medicina, filosofía, música, derecho y banca. Los aristócratas y el clero, al no querer ensuciarse las manos con el dinero, símbolo de excremento, confiaron sus fortunas a usureros judíos, de modo que cuando la industria se desarrolló en el siglo XIX, los judíos lo tenían todo para triunfar: dinero, conocimiento de la ley y una red internacional. En el lenguaje totalitario, nunca se habló de la vida cotidiana de los judíos. En el discurso de los no judíos sólo quedaba el desarrollo lógico de su deseo de apoderarse del mundo y su amor por el dinero. El hombre real se volvió superfluo. El pensamiento delirante y lógico, deducido de un postulado que nunca fue elaborado, nunca fue «e-laborado», como había dicho Rabelais.[13] El rebaño se alimentaba de todo aquello porque se las arreglaba para ignorar el saber de los labradores.

Un lenguaje así, aislado de la realidad sensible, construye un entorno verbal que proporciona un sentimiento de verdad porque se siente en el fondo de uno mismo: «Los judíos están cons-

---

13. Rey, A., *Dictionnaire de la langue française*, Le Robert, París, 2012, pág. 1138.

pirando contra nosotros, están preparando la guerra para ganar aún más dinero». Cuando las persecuciones diarias instituyeron el horror, fue necesario encontrar palabras para hacer soportables los actos insoportables. Este truco verbal-emocional explica la abundancia de eufemismos en el lenguaje totalitario. Victor Klemperer encuentra numerosos ejemplos en los que la mente totalitaria utiliza palabras técnicas para describir el «material humano», inmediatamente después de palabras anodinas para enmascarar las decisiones aterradoras, lógicamente derivadas de estos términos técnicos.[14] Cuando se habla de las personas como «material humano» se crea una impresión de pensamiento científico. La decisión que sigue a esta representación verbal es analizar los componentes de este material. Las máquinas buenas serán objeto de todos los mimos y las malas serán enviadas al desguace con buena conciencia. Las palabras se imprimen en la memoria, donde dejan sus huellas.[15] Así, nuestro cerebro circuitado por las palabras escuchadas en nuestro entorno familiar y cultural se vuelve sensible a un tipo de información. Se percibe mejor la diferencia entre el buen material humano que se admira y el malo que se desecha. El lenguaje genera pensamiento al hacer aparecer distinciones entre los seres humanos, y cuando se repite sin matices en una recitación colectiva se interioriza hasta el punto de pensar por el sujeto. Es entonces cuando el psitacismo, el lenguaje de los loros, se convierte en una ilusión del pensamiento, una certeza que ya no se refiere a nada real.

Con todo, reconozco que hay en mí un componente mecánico. Mi esqueleto se pone en movimiento gracias a las poleas de mis tendones. Esta formulación sólo se convertirá en totalitaria si reduzco mi representación a esta visión parcial y si deduz-

---

14. Klemperer, V., LTI, *la langue du IIIe Reich*, Pocket, París, 2003.
15. Lejeune, A.; Delage, M., *La Mémoire sans souvenir*, Odile Jacob, París, 2017.

co que este componente mecánico es totalmente explicativo de mi personalidad. Para no ser totalitario, tendré que añadir otro componente, pero será de otra naturaleza, emocional, poética, interactiva, social e incluso espiritual. Surgen entonces dos peligros: el primero es la pretensión de que el mundo invisible del alma gobierne a todo el hombre. El totalitarismo espiritualista declara la guerra al totalitarismo mecanicista. El segundo peligro proviene de los que quieren integrar las visiones heterogéneas del hombre, a quienes acusará de chapuza metodológica. Los labradores saben que las semillas dan mejores cosechas cuando convergen el suelo, el agua, el calor y las estaciones. El conocimiento fragmentario de los científicos mejorará el estudio de los suelos, la higrometría y la genética de las plantas, pero las cosechas sólo serán mejores si el agricultor es capaz de integrar todos estos datos heterogéneos.

Hablar para ocultar lo real

Cuando una visión parcial del hombre pretende ser totalmente explicativa, hay que encontrar las palabras y las metáforas que den una representación coherente a partir de estos datos segmentados. Entonces es necesario adorar a un líder, un sacerdote, un científico o un filósofo para sentir una especie de revelación. Todo puede ser explicado por la economía, o por la biología, o por el alma, o por la política. Elige la disciplina que te convenga, será parcialmente verdadera y totalmente falsa. Pero si consigues ocupar tu lugar en un grupo de adoradores, tratarás de imponer tu verdad a los que no piensan como tú. Nos sentimos bien juntos, nos entendemos a la primera, vivimos según las mismas creencias y, para reconocernos mejor, llevamos la misma ropa, las mismas insignias, el mismo corte de pelo. Hacemos los mismos gestos, cantamos las mismas consignas, caminamos con el mismo caminar, al son de la misma música, como un solo hombre, como marionetas. ¡Qué felicidad! ¡Qué sensación de poder da este lenguaje paraverbal, que no designa nada de la realidad pero da una euforia exaltante! Los que no se dejan llevar por esta técnica del lenguaje se encuentran solos en la multitud, dudando, vacilando, pensando en medio de un océano de convicciones. En la Alemania de los años 1930, los opositores se reunían en sainetes preverbales. Cuando un oficial pasaba por una calle principal, la multitud de fieles se apresuraba a gritar su amor y a levantar el brazo derecho en señal de apoyo. Victor Klemperer no compartía esa alegría. Incapaz de participar en este bello acontecimiento, él también corría, pero en dirección opuesta, para encontrar un callejón escondido donde poder escapar del éxtasis colectivo. Allí se encontraba con dos o tres personas enrojecidas por el esfuerzo, sin aliento por haber corrido para evitar la marea totalitaria. Sin mediar palabra, cada uno sabía por qué el otro estaba allí. Mi amigo de infancia Sebastian Haffner contaba lo mismo. Cuando pasa una columna de las SA por la calle, «o te refugias en un portal, o haces lo que todo el mundo, levantas el brazo, si no, te pegan... Alegrémonos y aullemos con los lobos, ¡Heil, Heil! Y al final, hasta le encontramos la gracia».[1]

Aquí se oculta la fuerza del conformismo. Cuando aúllas con los lobos, acabas sintiéndote como un lobo. El sentimiento de pertenencia a un grupo es tan tranquilizador y eufórico que nos embriaga. Incluso la violencia, cuando se grita conjuntamente, acaba otorgando una agradable sensación de fuerza. No es el enunciado en sí lo que nos galvaniza, es el hecho de estar juntos y cantar el odio.

La lengua sirve tanto para los sentimientos como para la razón.[2] Pero las palabras que nos vienen a la cabeza son ya una interpretación de la realidad, una traición a los hechos. Cuando la realidad es insoportable y quiero actuar con cuidado sobre la mente de otro para contárselo, uso palabras que suavizan el horror. Por el contrario, puedo elegir otras palabras para empeorar la representación del mismo acontecimiento. Si tengo el deseo de quejarme, o la intención de hacer sentir culpable a mi agresor, hablaré con palabras enfáticas: «tortura, humillación, deshumanización». Si busco quitar importancia a la matanza de inocentes, utilizaré palabras técnicas como «liquidar» o higiénicas como «depurar». Bastará con referirse a los inocentes como

---

1. Haffner, S., *Histoire d'un Allemand. Souvenirs (1914-1933)*, op. cit., pág. 193.

2. Klemperer, V., citado en J. Dewitte, *Le Pouvoir de la langue et la Liberté de l'esprit*, op. cit., pág. 183.

«suciedad» o «parásitos» para que la consecuencia lógica sea «lavar la suciedad» y «purificar». Si quieres colonizar un país, tomar sus tierras y robar los bienes de sus habitantes, te vendrán a la mente las palabras «salvaje», «primitivo» o «atrasado». Por lo tanto, es lógico que envíen al ejército, a los médicos y a los maestros para «pacificar» a esa gente ignorante y violenta. Si quieres echar a esos pobres idiotas de sus casas, di que tienes que hacer un «traslado de población», para hacerte con un trozo de su territorio. Luego habla de «rectificación de fronteras». George Orwell encontró muchos otros ejemplos de eufemismos, palabras que permiten hablar del horror sin provocar un sentimiento de horror.[3]

Cuando la lengua deja de ser relacional, cuando ya no sirve para expresar sentimientos o elaborar una razón, se convierte en un encantamiento mágico que pretende plantar en la mente del otro una representación deslumbrante, de golpe, nunca elaborada, una simple afirmación que pretende gobernar su mundo mental. El martilleo del lenguaje ya no es un órgano de relación, se convierte en un instrumento de dominio que toma el poder a través del consentimiento e injerta eslóganes en lugar de pensamientos. Por eso, en todas las dictaduras se considera enemigo a quien utiliza la palabra para pensar. Hay que desconfiar de ellos, reeducarlos y, si es necesario, eliminarlos.

Una amiga mía, psicóloga en Buenos Aires, tuvo la curiosa idea de casarse con un músico y director de la Ópera. Poco después de que los militares tomaran el poder, vio cómo unos policías se presentaban en su despacho exigiendo que entregara la agenda de sus cómplices. Al principio dijo que no tenía ninguno, hasta que se dio cuenta de buscaban los contactos de sus pacientes. Como estas personas acudían a ella para pensar en lo que les atormentaba, se situaban ellos mismos fuera de la doxa

---

3. Orwell, G., *1984, op. cit.*

totalitaria. Eran cómplices, puesto que elaboraban un problema en lugar de recitar los enunciados del líder. Como el marido de esta psicóloga era el director de la Ópera, también él se convirtió en sospechoso. Desde la antigua Grecia, los artistas, como portavoces de los ciudadanos, han tenido que mostrar en escena los problemas de la ciudad. El arte produce un efecto democrático cuando invita al debate, lo que en los regímenes totalitarios se considera una agresión, una blasfemia contra los que dicen la verdad única. ¡Muerte a los psicólogos, artistas, periodistas y filósofos! ¡Reeduquémosles para que reine el orden! Éste será el orden de los cementerios, el orden de la certeza preferible a la fiebre democrática, en la que nunca se sabe qué pensar: «Afinen sus violines, díganme en qué creer», cantan los adoradores del líder que todo lo sabe.

Se tiende a aceptar la idea de que el enunciado se refiere a cosas o acontecimientos reales, mientras que la enunciación, el modo de decir, expresaría en cambio la connotación afectiva de lo que se dice.[4] Quizás sería más exacto decir que las palabras que nos vienen a la mente ponen de manifiesto una libertad interior. Al relatar un acontecimiento pretendemos expresar un testimonio y al mismo tiempo decir la impresión que ese acontecimiento ha producido en nuestra alma. Podemos elegir el tema y las palabras para dar forma a nuestra emoción. Se trata de una cuestión de libertad interior, ya que podríamos haber optado por no hablar de este acontecimiento, o por hablar de él con palabras seleccionadas para modificar la connotación afectiva, para atenuarla, para agravarla, para hacer sonreír o para provocar un escándalo. El enunciado y la enunciación se combinan para crear una representación teatral del acontecimiento.

---

4. Cosnier, J.; Kerbrat-Orecchioni, C. (dir.), *Décrire la conversation*, Presses universitaires de Lyon, Lyon, 1987.

Algunas representaciones lingüísticas invitan al debate, mientras que otras silencian. Cuando vi la película de animación *Persépolis*,[5] me pregunté qué deberían haber hecho los iraníes para ayudar a las mujeres a escapar de los grilletes lingüísticos y legales de los ayatolás. Cuando vi la película *Vals con Bashir*,[6] me pregunté por qué los soldados israelíes se sentían culpables por no haber intervenido para evitar la masacre de palestinos en Sabra y Shatila por parte de las milicias libanesas. Pero cuando vi *El Acorazado Potemkin*[7] legitimando la Revolución rusa de 1917 y *Los dioses del estadio*,[8] que mostraba la fuerza de los superhombres rubios, me pregunté qué había de extraño en la belleza de estas imágenes. Se me ocurrió que el director no me invitaba a debatir, sino que me imponía imágenes convincentes, como una propaganda, un romanticismo sin límites, un abotargamiento semántico, una obra maestra de la publicidad. Los gusanos que roen la carne de los marineros explican y justifican la revolución comunista. Los bellos atletas alemanes ilustran la superioridad racial de los arios. El estilo pomposo de estas películas muestra una imagen fuerte, una carne podrida, una cuna cayendo por las escaleras de Odesa, puesta en escena para desencadenar una emoción sin paliativos, una indignación, una revuelta que persuade de la necesidad de teorías extremas. Cualquier debate habría disminuido la sensación de verdad, mientras que una imagen impactante convence.

Ya que ha sido posible encontrar palabras que hacen soportable una realidad insoportable, ¿podríamos, si es necesario, encontrar otras palabras que hagan insoportable una realidad soportable? Desde hace algunos años, cuando un grupo huma-

---

5. Satrapi, M.; Paronnaud V., *Persépolis*, película de 2007.
6. Folman, A., *Vals con Bashir*, película de 2008.
7. Eisenstein, S., *El acorazado Potemkin*, película de 1925.
8. Riefenstahl, L., *Los dioses del estadio [Olympia]*, película de 1936.

no es privado de sus derechos, no hablamos de injusticia, preferimos la palabra «apartheid». Cuando un farmacéutico hace su trabajo como sanitario realizando pruebas antivirales, no se dice que cumple órdenes del gobierno, se le llama «colaboracionista» para sugerir que es un traidor sometido al ocupante sanitario. Cuando se cose una estrella de David en el pecho, con las palabras «no vacunado» escritas dentro de sus puntas, se crea una imagen que establece una analogía entre quienes prefieren no vacunarse y los seis millones de personas condenadas a muerte por esa estrella. ¿Qué sentido tiene esta indecente exageración de un problema quizás legítimo? ¿Es el propósito de este mal uso de las palabras convertir en horror un problema que simplemente debería haber provocado reuniones explicativas? ¿Por qué llamarse perseguido, cuando uno tiene derecho a discrepar? ¿Es para legitimar la propia violencia? «Me quieren muerto, así que es legítimo que lo rompa todo para defenderme. Pero si lo rompo todo en lugar de argumentar, me encuentro en una situación de delincuencia». Cuando «eufemismo» significa *eu*: abierto + *phaen*: palabra, el antónimo sería *dys*: mala función + *fama*: renombre: usar palabras que agravan. Los que hablan así experimentan el placer de la profanación al atacar a personas, objetos o lugares. Al afirmar que ellos mismos son perseguidos, sugieren una legítima defensa que suprime el sentimiento de delincuencia. La difamación masiva y el ciberacoso se burlan de la democracia secuestrando las palabras de la desgracia para procurarse un placer inconfesable.

Creo que así es como Hannah Arendt describió a Eichmann.[9] Conociendo la monstruosidad de sus crímenes, esperaba ver a un monstruo, y su miedo fue grande cuando sólo vio a un hombrecillo, una ridícula marioneta que no sabía ni hablar:

---

9. Arendt, H., *Eichmann à Jérusalem*, Gallimard, col. «Folio histoire», París, 1991. [Trad. cast.: *Eichmann en Jerusalén*, Editorial de Bolsillo, Barcelona, 2006].

«El antiguo líder del Tercer Reich, que recurre constantemente a expresiones prefabricadas, parece tener enormes dificultades para encontrar palabras y formar frases, lo que da a su lenguaje un aire pomposo y mecánico».[10] Eichmann estaba ridículamente alejado de la realidad. Antes de morir en el cadalso, dijo fríamente: «Dentro de poco, señores, nos volveremos a encontrar... éste es el destino de todos los hombres. Viva Alemania, viva Argentina, viva Austria. No los olvidaré».[11] Ridículo, incoherente, pomposo, inadecuado, cuando responde a un juez «el lenguaje administrativo es mi único lenguaje», confirma que para él las fórmulas y los eslóganes prefabricados ocupaban el lugar de los pensamientos. Sólo obedecía porque las órdenes que recibía le permitían cumplir sus fantasías antisemitas. Ninguna emoción, ningún arrepentimiento, incluso tengo la impresión de que no podía ni imaginar la inmensidad del crimen que había causado. Como una trivialidad, con un bolígrafo, firmó en papel decenas de miles de condenas de personas inocentes. ¿Provenía su gran tranquilidad, su sorprendente ausencia de culpabilidad de su sumisión? Nunca se vio obligado a obedecer, se sometió él mismo para beneficiarse, para cumplir sus fantasías antisemitas, para matar judíos con un bolígrafo.

Cuando masas de gente son abandonadas, cuando un fracaso educativo o cultural no les ha dado la oportunidad de aprender a pensar, se someten a pensamientos prefabricados y los recitan para darse la ilusión de comprender. La alexitimia de Eichmann es un buen ejemplo de ello. Cuando un sujeto no ha sido preparado para pensar, no encuentra las palabras para expresar sus sentimientos e ideas. Su vida imaginaria es pobre, hilvana enunciados planos como un formulario administrativo o las instrucciones de una máquina de café. El lirismo es impo-

---

10. Dewitte, J., *Le Pouvoir de la langue et la Liberté de l'esprit*, op. cit., pág. 253.
11. Arendt, H., *Eichmann à Jérusalem*, op. cit., pág. 1262.

sible cuando no hay emoción. El recitado conformista conduce a una normalidad gris, facilita la carrera administrativa y académica, pero imposibilita la poesía, la novela o incluso el testimonio empático. Es imposible decir: «Esta mujer debe de haber sufrido... Este niño privado de una familia tendrá un comienzo difícil en la vida». Para sentir empatía, hay que ser capaz de imaginar el mundo mental del otro. Cuando nos enganchamos al enunciado, decimos: «Esta mujer debe ser internada en un campo de concentración, como dice en el artículo 5 del Código de arianización». Firmamos, hemos hecho bien nuestro trabajo, no nos frena una representación que nos hubiera incomodado. Nada de introspecciones, nada de derivas imaginarias: firmamos, hacemos nuestro trabajo, eso es todo. Cuando Hannah Arendt utilizó la expresión «banalidad del mal», que fue muy criticada,[12] probablemente debería haber utilizado la palabra «alexitimia». Pero no existía en 1966. Este neologismo fue acuñado en 1972 por Peter E. Sifneos y John C. Nemiah en referencia al griego: *a* (privativo), *lexis* (palabra) y *thymos* (estado de ánimo, sentimiento),[13] para designar la incapacidad de poner un sentimiento en palabras.

---

12. *Ibid*.

13. Alby, J.-M., «Alexithymie», en Y. Pélicier (ed.), *Les Objets de la psychiatrie*, L'Esprit du temps, Burdeos, 1997, págs. 33-34.

Someterse para liberarse

Puesto que ningún bebé habla el día que nace, tendrá que esperar hasta el tercer año para ser capaz de dar una forma verbal a la expresión de sus afectos. Si experimenta emociones violentas, encontrará las palabras adecuadas, pero si ha pasado sus primeros años en un nicho afectivo pobre en palabras, sólo encontrará un lenguaje plano para traducir sus pensamientos íntimos. Cuando un niño viene al mundo, no sabe qué debe hacer, no puede controlar lo que siente, no entiende lo que percibe. Si quiere vivir en este nicho sensorial en el que la vida le ha colocado, todo debe aprenderlo. Para no morir, la sumisión es necesaria. No puede escapar de la huella de su entorno. En el día de su nacimiento, sólo tiene una serie muy pequeña de comportamientos que le han permitido aferrarse a una figura familiar que los adultos llaman «la madre». Él, el bebé, sólo percibe un objeto parcial compuesto por la forma y el color del pezón hacia el que se orienta sin ningún aprendizaje. Cuando mama, se engancha al brillo de los ojos, a las sacudidas oculares, a las frecuencias graves de la voz, al estilo de manipulación de aquella a quien pertenece el pezón. Y sólo cuando esta base de seguridad inicial está grabada en su memoria puede empezar a explorar su entorno. En esta etapa del desarrollo de su aparato de visión del mundo, es totalmente dependiente del objeto sensorial situado en su proximidad. Si un accidente le priva de este objeto, el niño no desarrollará ninguna de sus habilidades, que, a falta de estimulación, se atrofiarán.[1]

---

1. Romano, H., *Quand la mère est absente. Souffrance des liens mère-enfant*, Odile Jacob, París, 2021. Y Dugnat, M.; Collomb, N.; Poinso, F. (dirs.), *Soins, corps et langage en clinique périnatale*, Arip/Érès, Toulouse, 2020.

Cuando el bebé seguro abre su conciencia para buscar otra información en torno al cuerpo de su madre, descubre otro objeto sensorial asociado a la madre y sin embargo diferente, que los adultos llaman «padre». Hoy en día se llama «segundo progenitor», hasta el punto de que las estructuras de parentesco han sido modificadas por nuestras nuevas sociedades.[2] Unos años más tarde, cuando el niño empiece a oír los relatos familiares y culturales, pasará a formar parte de una filiación que contribuye a la construcción de su identidad.[3] Este marco externo constituye los tres nichos ecológicos (biológico, afectivo y verbal) sin los cuales el niño no puede desarrollarse. Está esencialmente determinado por la estructura de su entorno, donde, para llegar a ser él mismo, debe obedecer para recibir su huella. No puede desarrollarse fuera de los tres nichos que constituyen su ecología: sensorialidad, afectividad y palabra. Cuando uno de estos nichos falla, debido a la muerte o al sufrimiento de la madre, a una alteración afectiva o a relatos traumáticos, el niño sufre una distorsión en su desarrollo. A veces es el organismo del niño el que no acepta la impronta del entorno a causa de una enfermedad genética, una encefalopatía o un trastorno del neurodesarrollo. Cuando se altera la transacción entre el organismo y su entorno, el niño tiene dificultades para ser él mismo. Se construye a sí mismo de un modo deficiente, ya que tiene dificultades para incorporar las presiones del entorno.[4] Para de-

---

2. Godelier, M., «Systèmes de parenté et formes de famille», en M. Dugnat; N. Collomb; F. Poinso, *Soins, corps et langage en clinique périnatale, op. cit.*, págs. 53-59.

3. Gayon, J. (ed.), *L'Identité. Dictionnaire encyclopédique*, Gallimard, col. «Folio», París, 2020.

4. Bronfenbrenner, U., *Making Human Beings Human. Bioecological Perspectives on Human Development*, Sage, Londres, 2004. Y Cyrulnik, B., *Des âmes et des saisons*, Odile Jacob, París, 2021. [Trad. cast.: *Psicoecología*, Gedisa, Barcelona, 2021].

sarrollarse armoniosamente, debe someterse y «digerir» las limitaciones biológicas, afectivas y verbales. Sólo entonces podrá ver su mundo y juzgarlo por sí mismo.

Esto significa que sólo podemos adquirir un grado de libertad interior si nuestro aparato para ver y pensar el mundo ha sido bien construido de antemano: «Esta nueva noción de libertad se basa en la liberación de la pobreza».[5] Para un psicólogo, la pobreza sensorial y verbal suele ir unida a la pobreza social, porque los padres tienen dificultades. Sin embargo, en una familia pobre y estructurada por el afecto y la cultura, los niños no son infelices y se desarrollan bien. Por otro lado, cuando las condiciones para el desarrollo no están aseguradas, cuando los tutores están rotos o mal formados, el niño se construye a sí mismo de manera equivocada y no logra adquirir un grado de libertad interior.

Cuando uno no puede pensar y decidir por sí mismo, siente alivio al someterse a quien piensa por él. Cuando uno se siente condenado a la infelicidad, busca las causas de este sufrimiento y culpa a un chivo expiatorio, lo cual agrava la infelicidad: «La culpa es de Voltaire... de mi madre... de los extranjeros... de los infieles... de la élite... de los imbéciles...». Así es como el lenguaje totalitario da una falsa felicidad. Los que no han podido adquirir la libertad interior se sienten aliviados al someterse a un protector que dice la verdad y da esperanza con la condición de que le obedezcan: «Soy vuestro salvador, si queréis la libertad, obedeced... depurad... pacificad... reeducar a estos descreídos que no piensan como vuestro amado líder». El acoplamiento de una multitud con su defensor produce un amor loco: «Adoro a mi pueblo» dice el salvador, «estoy dispuesto a morir por ellos». «Adoro a mi liberador», dice el salvado, «estoy dispuesto a morir por él». Iván el Terrible, Napoleón, Mao, Hitler, Stalin, ordena-

---

5. Arendt, H., *La liberté d'être libre*, Payot, París, 2019, pág. 65. [Trad. cast.: *La libertad de ser libres*, Taurus, Barcelona, 2018].

ron al pueblo morir en la guerra para obtener la paz. Pero cuando el éxtasis del amor se desvanece, el pueblo, aún infeliz, descubre que ha sido estafado por una utopía necesariamente maravillosa. Nunca un gobierno de ensueño ha gobernado a un pueblo feliz. La generosa y mortífera utopía comunista y la despectiva y criminal utopía nazi enardecieron a las masas hasta que llegó la decepción. Entonces las masas dieron muerte a su salvador.

La pertenencia es necesaria para el desarrollo del cuerpo y la mente del niño. Pero cuando conduce a la dependencia, el sujeto no accede a su libertad interior, sino que sigue adorando a quien le conduce a la servidumbre. Este proceso se da en las manifestaciones de masas que idealizan al líder y en las díadas madre-hijo cuando el vínculo de pertenencia, necesario para el desarrollo, se convierte en una cárcel que impide la libertad interior y erotiza la sumisión.

La adaptación al mundo depende de la estructura afectiva que se ha grabado en nuestra memoria. Un estilo de apego es una forma de socializar, de establecer relaciones con los demás. Al décimo mes, independientemente de su cultura, todos los niños han adquirido un estilo de apego. A grandes rasgos, el 60% tiene un apego seguro, se mantienen confiados ante los pequeños retos de la vida; el 20% tiene un apego esquivo, tranquilo, distante y poco expresivo; el 15% es ambivalente, se alegra de estar con sus seres queridos y les ataca reprochándoles que no siempre están ahí; y el 5% está confuso, desorientado, lo que indica una dificultad importante en el desarrollo.[6] Estas categorías afectivas no son organizaciones fijas, sino adjetivos que caracterizan una forma de relacionarse y que evolucionan con el tiempo y los encuentros.

Ante un acontecimiento externo, las reacciones adaptativas del sujeto están influidas por el estilo afectivo previamente ad-

---

6. Guedeney, N.; Guedeney, A., *L'Attachement. Concepts et applications*, Masson, col. «Les âges de la vie», París, 2002.

quirido.⁷ Cuando se produce un trastorno en uno de estos nichos sensoriales, el niño responde con lo que lleva dentro de sí. En caso de conflicto conyugal, divorcio o duelo, se adapta utilizando los recursos construidos en su interior durante su desarrollo. Los niños confundidos se desorientan aún más cuando el entorno se desorganiza. Los ambivalentes hacen declaraciones de amor a los padres a los que agreden. Y los esquivos dicen que no es asunto suyo. Se ven poco afectados porque sólo confían en sí mismos, o enmascaran sus problemas esforzándose por permanecer indiferentes. Los niños seguros, conmovidos por la ruptura de los padres, analizan la situación, tratan de comprenderla y luego deciden una estrategia relacional. ¿Podríamos decir que han adquirido una libertad interior que les ayuda a afrontar la dificultad, a evaluar la situación y a decidir qué hacer para aliviar su sufrimiento?⁸

Por el contrario, los niños que han adquirido factores de vulnerabilidad durante su desarrollo temprano sufren enormemente estos acontecimientos estresantes. Un niño seguro experimenta cada nueva situación como un juego de exploración, mientras que un niño inseguro experimenta el mismo cambio como un peligro. Las culturas asignan roles sociales a estos temperamentos distintos: los ansiosos asumen el papel de alarmistas,⁹ que detectan el más mínimo peligro, mientras que los esquivos aceptan sin rechistar cualquier discurso académico o político, convirtiéndose así en buenos estudiantes y ciudadanos pasivos. ¿Es ésta la forma de explicar las distintas reacciones a la agitación social? Algunos se repliegan en grupos

---

7. Pierrehumbert, B., «L'attachement au temps de la Covid-19». Parte 1 y 2, *JDP Enfance*, 127, 2021, págs. 10-19.

8. Moccia, L. *et al.*, «Affective temperament, attachment style and the psycho- logical impact of the Covid-19 outbreak: An early report on the Italian general population», *Brain, Behavior and Immunity*, 87, 2020, págs. 75-79.

9. Pierrehumbert, B., «L'attachement au temps de la Covid-19», art. cit.

de autodefensa donde el miedo los vuelve agresivos, mientras que otros evolucionan y cambian sus relaciones. En todas estas situaciones, el estilo de apego ha seleccionado la información extraída de la realidad y le ha dado una connotación afectiva.

Entonces, el relato que uno hace de estos acontecimientos da una forma verbal al mundo íntimo, por lo que cada relato es verdadero, aunque sea distinto. Los apegos seguros que han aprendido a analizar y evaluar la información extraída de la realidad desarrollan relatos coherentes con los relatos sociales. Pero nuestra capacidad de hablar es tan poderosa que llegamos a ser capaces de designar hechos cada vez más alejados del mundo sensible, hasta crear una entidad imperceptible que, sin embargo, sentimos en lo más profundo de nuestro cuerpo. Así es como podemos habitar creencias que se apartan de la realidad y se dan por sentadas. En los años de la posguerra, me resultaba imposible limitarme a contar lo que había vivido: mi detención por la Gestapo francesa a los seis años, mi huida y la persecución por parte de la administración de la prefectura. Los adultos no podían creer un escenario que resultaba inverosímil en su mundo mental. Habían pasado por la guerra en condiciones diferentes, crueles o a veces agradables, por lo que tenían una experiencia individual diferente del mismo período. Habitando sus propias representaciones extraídas de una experiencia real, no supieron o no quisieron hacer el esfuerzo de descentrarse, para imaginar la increíble experiencia de un niño de seis años, condenado a muerte y huido en circunstancias rocambolescas. Fue gracias a la publicación de un libro en 1983[10] que, invitado por la televisión de Aquitania, pude encontrar a todos los testigos de mi fuga: La señora Descoubès, la enfermera que me indicó que corriera a esconderme en la furgoneta; Gilberte Blanché, la señora moribunda bajo la que me escondí; su hijo Jacques y

---

10. Cyrulnik, B., *Mémoire de singe et paroles d'homme*, Hachette, París, 1983.

su nieta Valérie, a quienes ella había contado la historia; Jacques de Léotard, el estudiante de derecho que me metió en una olla en la cantina de la universidad, y sobre todo, Margot Farges, quien durante años consiguió refugiarme en una cadena de Justos,[11] casi todos profesores.[12] Aquel programa de televisión desempeñó para mí un papel semejante al de otra emisión[13] en la que, debido a su gran audiencia, la probabilidad de encontrar a un familiar desaparecido era elevada. De otro modo, ¿cómo hubiera podido llegar hasta aquellos testigos? Nunca hubiera podido demostrar la realidad de una historia improbable.

Este acontecimiento de mi infancia me hizo darme cuenta de que la gente que no me creía había construido una visión clara del mundo simplificándolo. La ausencia de dudas les permitió mantener una línea de conducta, mientras que la investigación y la reflexión habrían empañado la visión inteligible que necesitaban. ¿Por qué algunas personas tienen de entrada convicciones? Sin investigar ni reflexionar dicen: «No te creo. Estás contando un cuento». Esta frase, que oí después de la guerra, me mantuvo en silencio durante cuarenta años. Al obligarme a guardar silencio, aquellas personas tenían una sensación de verdad que les permitía evitar la complejidad de la realidad. Lo que llamaban «duda» («dudo de tu historia») era en realidad una certeza que les permitía descansar la mente. Cuando un esquema simplifica una situación para explicarla mejor, un eslogan da una certeza que detiene el pensamiento.

Me ido encontrando con esta situación toda mi vida. Cuando volví de Bucarest en 1954, pedí a mis amigos comunistas que me explicaran por qué lo que había visto no se correspondía con las

---

11. N. del T.: la expresión se refiere a las personas de confesión no judía que durante el nazismo se arriesgaron para proteger a los judíos.

12. Cyrulnik, B., *Sauve-toi, la vie t'appelle*, Odile Jacob, París, 2012. [Trad. cast.: *Sálvate, la vida te espera*, Editorial Debate, Barcelona, 2013].

13. Pradel, J., *Perdu de vue*, emitido en TF1, 1990-1997.

maravillas contadas por el Partido. Su respuesta fue clara: «Eres demasiado joven para entender». Como insistí, me dijeron: «Si piensas así, no puedes quedarte con nosotros». Para dar seguridad, las ideas deben ser claras, aunque ello signifique eliminar todo lo que pueda matizarlas. Todas aquellas personas a quienes yo apreciaba preservaban el teorema, la hipótesis a demostrar. Para mantener sus mentes claras, se prohibieron cualquier observación que pudiera poner en duda la proposición de base. Mediante este método de depuración intelectual, la hipótesis a demostrar se transforma en un postulado que dice la verdad: «Es cierto porque mi jefe dice que es cierto». Así es como nos atraen las creencias totalitarias.

Hace unos años, tuve la oportunidad de dar algunas charlas en Ramala.[14] La universidad es muy bonita, financiada en gran parte por Francia. Con Michel Manciaux, fuimos muy bien recibidos. Las reuniones fueron dirigidas por estudiantes y profesores cuya tolerancia y apertura de miras apreciamos. Cuando, a mi regreso a Francia, quise simplemente explicar mi experiencia, fui muy criticado por el Betar, una agrupación judía de tendencia muy derechista y por la extrema izquierda, es decir, por los que tienen las ideas más cuadradas. El Betar pidió en internet que me partieran la cara y la extrema izquierda, en Marsella, clamó indignada cuando dije que por la noche íbamos a cenar en hermosos restaurantes rodeados de jardines floridos. «Todo está destruido», gritaban aquellas personas que nunca habían estado en Ramala, «Palestina es un hospital al aire libre». El canal Al-Jazeera es mucho más honesto cuando muestra imágenes en las que los habitantes de Gaza intentan construir un país subvencionado por la ayuda internacional y filma a palestinos que se han convertido en médicos e incluso profesores en

---

14. Encuentros organizados por el Instituto Francés de Ramala, capital administrativa de la Autoridad Palestina.

los excelentes hospitales israelíes, donde enfermeras con velo vacunan a hombres con kipá mientras sonríen. Para vivir en un mundo de convicciones, los extremistas necesitan refutar cualquier testimonio que matice su pensamiento. Entonces, confiados, pueden defender las ideas del líder.

Organizar el mundo exterior para estructurar el mundo interior

Esta actitud totalitaria no es sólo religiosa o política, también puede ser científica. En 1967-1968, en neurocirugía, veía todos los días atrofias cerebrales más o menos difusas o localizadas, frontales, temporales o ventriculares. La causa era desconocida, excepto en casos de hidrocefalia, donde sólo quedaba una fina franja de corteza. Cuando llegué al hospital de Digne, seguí describiendo estas atrofias, pero algunos colegas se indignaron, diciendo que eso era absurdo y que nunca se había visto que un cerebro se derritiera. A su alrededor se reunió un pequeño grupo de opositores a esta información. A las personas que no se dedican profesionalmente al tema les resultaba difícil elegir en qué creer. Sin embargo, en 1981, Hubel y Wiesel habían demostrado que la atrofia cerebral localizada era causada por un fallo del entorno externo. Los neurocientíficos colocaron una persiana sobre el ojo izquierdo de un pequeño grupo de gatitos y comprobaron, tras su muerte, que había una atrofia en el área occipital derecha, la zona que procesa los estímulos visuales. En cambio, en otra población de gatitos, una máscara colocada en el ojo derecho provocó la atrofia del occipital izquierdo, demostrando así la plasticidad del cerebro. Era fuera del cerebro, en el entorno que rodea al organismo, donde había que buscar el fallo de una zona cerebral. Este Premio Nobel no caló en la cultura del momento, en la que todavía se enseñaba a pensar que un cuerpo, un cerebro o un alma podían desarrollarse sin tener en cuenta las presiones del entorno. Un niño sano no tiene atrofia cerebral si ciertas áreas no funcionan correctamente, «es una prueba de que ese niño es deficiente». Eso decía la gente, sin darse cuenta realmente de que esta explicación se acercaba a los estereotipos racistas.

Éste es el argumento con el que nos encontramos cuando, con Médicos del Mundo, volvimos a Bucarest en 1989. El presidente-dictador Ceaușescu, para pagar la deuda, hacía trabajar a las mujeres catorce horas diarias. Exigía a las inspectoras que vigilaran su ropa íntima, para que no pudieran abortar y se vieran obligadas a dar a luz al mayor número posible de futuros trabajadores. Como no se tomó ninguna medida para el cuidado de aquellos 170.000 niños, se les colocó en grandes espacios mal llamados «orfanatos». Nadie les hablaba, nadie se ocupaba de ellos, un plato de comida al día, un chorro de agua al mes. Aquellos niños tenían casi todas las áreas del cerebro atrofiadas. Otras instituciones rumanas salvaron a niños abandonados simplemente ofreciéndoles un entorno estructurado por el afecto y la educación.[1]

Los médicos identifican problemas que no siempre pueden explicar científicamente. Hacen una observación clínica, proponen una hipótesis, comparan poblaciones y evoluciones espontáneas o terapéuticas, pero difícilmente pueden realizar procedimientos experimentales que serían éticamente reprochables. Los científicos, por su parte, deben realizar experimentos y aclarar los conceptos revelados por los médicos.[2] Charles A. Nelson, cuya autoridad es reconocida por todas las academias, creó en 2000 una asociación de investigadores denominada Bucarest Early Intervention Project [Proyecto de Intervención Temprana de Bucarest] (BEIP en sus siglas en inglés). Se trata de un traba-

---

1. Violeta Stan, Catherine Sellenet, en la conferencia «Quand les liens dérapent», Salon-de-Provence, 27 de mayo de 2016.

2. Nelson, C. A.; Fox, N. A.; Zeanah, C. H., *Romania's Abandoned Children. Deprivation, Brain, Development, and the Struggle for Recovery*, Harvard University Press, Cambridge, 2014.

jo deslumbrante, con análisis precisos que confirman la importancia del período sensible de los primeros años. Cuando una privación de sensorialidad detiene el desarrollo, causa una alteración cerebral. De hecho, una serie de publicaciones condujo a esta obra que todos citan. Desde la década de 1930, los etólogos de animales han descrito la noción de un período sensible durante el cual un organismo se vuelve hipersensible a un tipo de estimulación sensorial.[3] Cuando falta esta información, se produce un trastorno cerebral.

Las observaciones de los animales, en el medio natural y en el laboratorio, llevan a pensar que un cerebro no percibe la misma información de la misma manera según su desarrollo. A principios de los años 1950, René Spitz utilizó esta noción para confirmar, al igual que Sigmund Freud, la importancia de los primeros meses de vida.[4] En este pequeño y sorprendente libro se puede leer todo lo que sustenta el éxito de las teorías del apego que hoy son las más enseñadas en las universidades y en las formaciones profesionales. En la bibliografía de este psicoanalista encontramos veintiuna citas procedentes de la etología animal. Pero fue John Bowlby quien sentó las bases de una nueva disciplina: la teoría del apego.[5]

El resultado práctico de las observaciones realizadas por UNICEF y Médicos del Mundo sobre los niños abandonados en los orfanatos rumanos fue aconsejar a los Estados que dejaran de encerrar a los niños en grandes instituciones y los confiaran, en cambio, a familias de acogida. Hay que matizar este sabio

---

3. Eibl-Eibesfeldt, I.; *Etología. Biologie du comportement*, Éditions Ophrys, París, 1984.

4. Spitz, R. A. (prefacio de Anna Freud), *La Première Année de la vie de l'enfant*, PUF, París, 1963. [Trad. cast.: *El primer año de vida del niño*, Fondo de Cultura Económica, 2005].

5. Bowlby, J., *L'Attachement*, 3 volúmenes, PUF, París, 1978-1982. [Trad. cast.: *El apego*, Ediciones Paidós, Barcelona, 1993].

consejo: en 1945, 250.000 huérfanos de guerra fueron internados en grandes instituciones, que a veces albergaban a varios miles de niños. Una revisión cincuenta años más tarde demostró que la mayoría de ellos habían salido adelante. Hubo algunos desarrollos trágicos entre los niños que habían sido encarcelados en los campos de exterminio, muertos de hambre en los guetos, perseguidos en las ciudades y pueblos, y que se encontraron solos, sin educación y sin familia después de la Liberación. Pero la mayoría de estos niños, mantenidos en grandes instituciones,[6] pensaban: «Tengo que aprender pronto un oficio». Reanudaron su desarrollo, se socializaron y formaron una familia. En esta población hay menos parados que en la población general y algunos éxitos empresariales notables.

En las instituciones que se han centrado en el desarrollo intelectual[7] algunos niños se han convertido en científicos y académicos, pero muchos se han dedicado a las artes. La literatura y el cine han proporcionado lugares para la palabra donde la expresión artística ha dado forma a lo que no se podía decir. La expresión «desarrollo individual y social» no significa que hayan retomado su desarrollo normal como si el trauma, la guerra, la persecución y el abandono no hubieran dejado huella en su psique. Incluso cuando reanudaron un buen desarrollo, conservaron en sus almas adultas una vulnerabilidad emocional que, al mismo tiempo, hacía que sus relaciones resultaran dolorosas y alimentaba su creatividad.[8]

Cuando se compara el destino catastrófico de los 170.000 niños rumanos cuyas almas fueron asesinadas en los almacenes

---

6. OSE, Les Apprentis d'Auteuil, SOS Villages (entre otros).

7. OSE: Œuvre secours des enfants [Obra ayuda a los niños], CCE (Commissions centrale de l'enfance) [Comisión central de la infancia, Maison de Montmorency].

8. *Lendemains, Journal des Enfants de l'OSE (1946-1948),* prefacio de Simone Vieil, OSE, París, 2012.

de Ceaușescu con el buen resultado de un gran número de los 250.000 huérfanos de guerra, y las inmensas dificultades de los 300.000 niños de la Aide Sociale à l'Enfance [Ayuda Social a la Infancia] (ASE, en sus siglas en francés) hoy en Francia, se puede proponer la hipótesis de que la diferencia de resultados se basa en la calidad de los primeros mil días. Los bebés que son aislados muy poco después de nacer en habitaciones enormes no han tenido un buen punto de partida. Esta constatación también se aplica a los niños confiados a la ASE en Francia, donde sus familias, con grandes dificultades afectivas, educativas y sociales, no han podido estructurar un nicho sensorial seguro y dinámico a su alrededor. Los educadores, aunque motivados, se sienten desanimados por el escaso número de profesionales, poco formados en las prácticas del apego, y que dedican más tiempo a los expedientes administrativos que a la relación con los niños. El fracaso institucional no consigue compensar el fracaso familiar.

Esto no se aplica a los huérfanos de guerra. La mayoría de ellos había adquirido una sólida base de seguridad[9] en sus familias antes de que se produjera la tragedia social. Sufrieron pérdidas, pero a partir de 1945 fueron acogidos por hogares con 30 o 40 niños, o grandes mansiones con varios miles de pequeños pensionarios. Los «monitores» (pues la profesión de educador aún no existía), a menudo inspirados por Korczak,[10] tenían la tarea de organizar lugares de debate y creación artística, de formación profesional y de relajación lúdica. Estos «educadores» sin diploma, con sus talleres, canciones y teatros, se ofrecieron como tutores de resiliencia a los niños heridos, lo que permitió a la mayoría reanudar un desarrollo saludable.

---

9. El informe de la Comisión de los mil días publicó setenta y cinco propuestas en internet para estructurar este punto de partida en la vida.

10. Korczak, J., *Le Droit de l'enfant au respect*, Éditions Fabert, París, 2017.

Myrna Gannagé, en su tesis dirigida por Colette Chiland, confirma esta explicación.[11] Tras la larga guerra civil del Líbano (1975-1990), hizo el seguimiento de tres pequeños grupos de niños. Los exiliados parisinos pudieron permanecer con sus familias estables, donde pudieron desarrollarse, como era de esperar. La sorpresa fue que los niños en instituciones seguras se desarrollaron mejor que los que tuvieron que permanecer en sus propias familias destrozadas por la guerra. Lo que daña a un niño es la falta de afecto y el sinsentido de la desgracia, más que el tamaño de la institución. Es cierto que un espacio amplio facilita la anomia, pero cuando la institución organiza encuentros afectivos y lugares para hablar, el niño está mejor que en su familia, aturdida por la desgracia.

En los años 1930, los psicoanalistas ya habían arrojado luz sobre los trastornos provocados por las carencias afectivas,[12] pero el contexto cultural que preparaba la guerra, el trabajo en las fábricas y en las minas, ponía el acento en la fuerza física, la valentía y la violencia (llamada entonces heroísmo). La afectividad se consideraba una debilidad y su impacto biológico era impensable, parecía estúpido. Las publicaciones científicas seguían siendo confidenciales mientras los estereotipos estructuraban la cultura. Se establecieron dos discursos, uno clínico y psicoanalítico, silenciado por otro, abusivamente explicativo, basado en un postulado que afirmaba sin pruebas ni reflexión: «Debemos ser fuertes, aplastar a los débiles e incluso eliminarlos, porque su mera existencia hace vulnerable a la sociedad». Cuando la literatura científica titubea, los escritos totalitarios pregonan su verdad. La duda metódica conduce a la elección, la garantía de la libertad interior, mientras que las afirmaciones repetidas y

---

11. Gannagé, M., *L'Enfant, les Parents, la Guerre. Une étude clinique au Liban*, ESF, París, 1998.

12. Buehler, C., *The First Year of Life*, Kagan Paul, Londres, 1927.

estruendosas producen convicción. En los años 1930, los discursos religiosos, fascistas, nazis y comunistas estructuraron las narrativas colectivas sugiriendo que «tienes la libertad de elegir a tu amo». Este paradójico mandato provocó una deriva semántica al designar una única libertad, la de someterse al líder que lo sabe todo y cuya palabra conduce a un mañana feliz, a mil años de felicidad o al paraíso. Así se inician las relaciones de dominio: «Te impondré mi ley para que seas feliz», dice el tirano doméstico. «Haz lo que te digo, salvarás tu alma» dice el gurú... «O yo o el caos», dice el candidato a dictador.

Uno puede preguntarse por qué algunas personas se toman el tiempo de pensar por sí mismas, mientras que otras sienten un gran placer al quedar atrapadas en un éxtasis colectivo que detiene el pensamiento. Donde unos piensan, otros prejuzgan. ¿Podrían ser construcciones temperamentales distintas establecidas durante la adquisición de los estilos de apego? Parece que quienes han adquirido un estilo de apego seguro más pacífico se toman el tiempo necesario para jugar con las ideas, para sopesar los pros y los contras, antes de juzgar y decidir.[13] Las personas inseguras necesitan certeza para sentirse cómodas, por lo que prejuzgan y aceptan ideas claras y sin tapujos que les ayudan a enfrentarse a la vida.

---

13. Pierrehumbert, B., «L'attachement au temps de la Covid-19», art. cit.

Participar en el sexo y la muerte

¿Cómo viviríamos sin compromiso? Seríamos almas errantes llevadas por el viento de las ideas, sin finalidad, sin sueños que hacer realidad. Nuestra existencia no tendría sentido, ni emociones, ni placer o desesperación por vivir. Sería la felicidad de la calma plana, la sensación de no vivir. Afortunadamente, sólo tenemos un capital de 120 años de existencia, como dicen los genetistas. Es una suerte, porque es la muerte la que da sentido a la vida. Sin perder un instante, debemos implicarnos para vivir antes de morir. Si morimos, es porque hemos tenido la suerte de vivir. Pero el día en que morimos, tanto si somos una flor, un pájaro, un mamífero o un ser humano, nuestro organismo es diferente del que era el día que nacimos. Hemos evolucionado bajo la doble presión de nuestro mundo interior y las limitaciones del entorno. Sin la muerte y el sexo, los individuos no podrían evolucionar y toda la especie desaparecería, como lo confirma el 96% de los animales que vivían originalmente en la Tierra, de los que hoy sólo se encuentran algunos rastros fósiles. Gracias al sexo podemos crear a hijos de ambos padres en cada generación que, sin embargo, son diferentes. Para que cuando el entorno cambie, como siempre ocurre, parte de la descendencia se adapte al nuevo entorno. La aparición de la sexualidad en el mundo viviente ha permitido la evolución de las especies, al igual que la aparición de la motivación sexual en el individuo le invita a cambiar sus vínculos de apego. La orientación sexual no surge hasta que el organismo es capaz de dar vida, momento en que la pubertad obliga a cambiar de apego. En las aves, cuando la cría crece, deja de seguir a su madre a pesar de la huella que ésta ha dejado en ella. En los mamíferos, el joven macho, o la joven hembra según la especie, debe abandonar su grupo de origen, lo que equivale a la inhibición del incesto.[1] Y en el ser humano, la avidez por el cuerpo del otro, que llamamos «deseo», orienta hacia un nuevo objeto, esta vez sexual, con el que el joven tendrá que forjar un nuevo vínculo de apego. Al principio, el organismo ha recibido la huella de su madre y de su entorno para tejer un vínculo de apego desprovisto de sexualidad. En cuanto llega a la pubertad, debe salir a buscar otro organismo, una pareja con la que pueda formar otro vínculo. El compromiso es pasivo al principio, pero cuando aparece la motivación sexual, se convierte en activo, dirigido hacia un objeto que no es su madre, lo que produce una apertura biológica (hacer un hijo), afectiva (apegarse de manera parental) y social (ocupar un lugar propio en el grupo).

Por tanto, los seres humanos debemos recibir una huella para convertirnos en nosotros mismos y luego deshacernos de ella durante la pubertad para relacionarnos con los demás y poder evolucionar. Este proceso de oposición y armonización de fuerzas requiere un ajuste perfecto y dinámico. No es de extrañar que haya fallos y problemas de apego. Cuando somos pequeños, antes de la edad de la sexualidad, buscamos una figura de apego que nos haga sentir seguros. Nos dejamos abrazar, levantar, girar, lavar, alimentar, vestir, mimar e impregnar de palabras que crean una carretera intermental entre la madre y el niño. Estamos comprometidos, aceptamos felizmente no tener libertad porque a cambio obtenemos protección y amor. Desde que el otro está ahí y se impregna en mi memoria, gano confianza en mí mismo porque confío en él. Confío en lo que hace

---

1. Bishop, N., «Comparative Ethology of Incest Prevention», en R. Fox (ed.), *Biosocial Anthropology*, Complexe, Bruselas, 1978.

y en lo que dice. Al darle el poder de influir en mí, consigo un buen trato, porque a cambio de la pérdida de libertad me siento bien con él. Cuando vine al mundo, no sabía nada, nada me era familiar, sólo podía aprender sobre el mundo gracias él, mi base de seguridad.

Por supuesto, también existe la edad del «no», alrededor del tercer año, que llena de orgullo al niño capaz de manifestar cierta oposición. Pero es sólo un pequeño ejercicio de liberación comparado con el salto de fe del polluelo que abandona el nido o del adolescente que sueña con irse de casa. Los malentendidos afectivos son habituales cuando el niño se esconde bajo la mesa esperando provocar la felicidad del reencuentro y la madre se enfada porque va a perder el tren. A veces, el adolescente amado teme perder la seguridad al independizarse y se enfada con quienes le han criado en una prisión emocional.

Así pues, el proceso natural es el siguiente:

- compromiso pasivo, vital durante los primeros años de vida en los que el niño recibe la huella de su entorno;
- liberación para ser uno mismo durante la pubertad;
- nuevo compromiso activo en un nuevo vínculo, tanto sexual como parental.

Los fallos pueden producirse en todas las fases de este proceso. El aislamiento sensorial es la principal causa de deterioro cuando el entorno empobrecido provoca una disfunción cerebral en el niño. La pubertad da un impulso gozoso hacia el cuerpo del otro, pero cuando el ardor sexual no está ritualizado por la educación y las normas culturales, se transforma en un pasaje al acto castigable o en una angustiosa inhibición. Cuando la cultura no ofrece ni sueños ni lugares para adquirir autonomía, el joven se convierte en un vagabundo, no orientado hacia un proyecto. Entonces se arriesga a ser presa de un salvador que dice lo que hay que creer y cuyo discurso claro da una esperanza utópica. Ésta es la edad de la confianza ciega en un maestro que puede apoderarse del alma de un joven en busca de un camino. Cuando la libertad angustia porque cualquier elección le hace a uno responsable, la servidumbre se vuelve tranquilizadora. Uno acepta con gusto el gobierno autoritario religioso o secular. Se considera normal la orientación social y el matrimonio a cargo de un sacerdote o de los padres. Cualquier desviación se considera un acto de delincuencia. El conformismo se convierte en la presión afectiva y social que conduce al integrismo. Así que felizmente nos unimos al coro de cotorras, cantamos juntos los eslóganes que dan una sensación de fuerza y una ilusión de pensamiento.

La superpoblación facilita esa reacción defensiva. Cuando se vive en una megalópolis, en un barrio donde la hiperdensidad hace imposible el apego, cada vecino se siente como un extraño. En un entorno anómico, uno sólo puede imaginar a aquellos que no puede conocer.[2] Por eso, ante el más mínimo trastorno climático, social o institucional, buscamos un chivo expiatorio al que culpar y, creyendo haber descubierto la causa de la desgracia, nos sentimos mejor... por el momento.[3] En un contexto pacífico, el 70% de los jóvenes adquieren un apego seguro, lo que les da tiempo para reflexionar cuando tienen que comprometerse. Pero en un país en guerra o en un caos cultural, este porcentaje disminuye drásticamente en función de la intensidad y la duración de la desorganización social. En esta población de jóvenes inseguros encontramos la tendencia a someterse para sentirse mejor. Estos jóvenes aceptan una verdad revelada por un salvador que apunta en dirección a una felicidad utópica.[4]

---

2. Luhmann, N., *La Confiance. Un mécanisme de réduction de la complexité sociale*, Economica, col. «Études sociologiques», París, 2006.

3. Moser, G., *Psychologie environnementale. Les relations homme-environnement*, De Boeck, Bruselas, 2009, págs. 169-175.

4. *Machel Study 10-Year Strategic Review, Children and Conflict in a Changin World*, Fondo de las Naciones Unidas para la Infancia (Unicef), 2009, pág. 17.

Los adolescentes que se adentran en la aventura sexual y social de hoy en día conocerán a tres o cuatro parejas y tendrán de cuatro a seis profesiones distintas. El compromiso ya no tejerá el mismo vínculo de apego que el de sus padres y abuelos. ¿Cómo pagarán esta libertad? ¿Seguirán disfrutando de los cambios de pareja y de ocupación, o vivirán esta inestabilidad como un estrés o una pérdida repetida? En una población numerosa, inevitablemente se encontrarán estas dos tendencias opuestas, pero es el contexto social el que hará variar el porcentaje de los que aman la angustiosa libertad y los que prefieren la docilidad.

Todos hemos conocido la necesaria felicidad de la sumisión, cuando pertenecíamos a una madre, un hogar, un barrio, una religión y una cultura. El giro de la adolescencia también es necesario para evitar el sentimiento de cercanía afectiva asfixiante y para descubrir un nuevo placer en la vida. En un contexto de paz, uno de cada tres jóvenes tiene miedo al futuro porque ha adquirido demasiados factores de vulnerabilidad o porque la sociedad no les ofrece instituciones que les acojan. Un joven así, sin entorno ni planes, se deja seducir a veces por el énfasis de un discurso totalitario cuya puesta en escena extática, pancartas, tambores y relatos enardecedores encienden su alma errante. Pero después del éxtasis viene la resaca, como nos cuentan los que salen de un régimen dictatorial o escapan de una relación de dominio. La explicación perezosa podría ser la siguiente: sabiendo que algunos hombres son capaces de cometer crímenes monstruosos, debemos buscar los estigmas de la monstruosidad en sus cuerpos y en sus palabras. Habiendo construido así una representación lógica basada en un postulado indemostrable, devolvemos la coherencia al mundo.

Delirar, todos juntos

La pregunta menos fácil sería: ¿cómo pudieron los amables aldeanos dejarse llevar para cometer o permitir el asesinato metódico de miles de vecinos? ¿Cómo es posible que los grandes intelectuales consideren que es moral exterminar a los seres humanos debido a una idea incuestionable? ¿Cómo es posible que buenos papás hayan podido matar a niños teniendo la impresión de estar haciendo bien su trabajo? En lugar de buscar una explicación a través de la teoría del monstruo, yo propongo observar la deriva de lo banal. «¿Cómo ha podido ocurrir esto?».[1]

En los años 1930, había una pequeña ciudad en la Baja Sajonia, Thalburg, en la que la existencia discurría sin grandes problemas. En octubre de 1929, tras el colapso del «jueves negro» de la Bolsa de Nueva York, un 2,6% de la población votó al partido nazi. En 1932, el NSDAP obtuvo el 37,2% de los sufragios. Cuando Hitler llegó al poder, el 43,9% de la población había votado por su programa, y en 1939 el «Partido Nacionalsocialista Obrero Alemán» se benefició de un maremoto electoral que le dio todo el poder. En esa población no hubo grandes acontecimientos, ni bombas, ni inmigración, sólo un discurso de odio. Las arengas para resolver los problemas de la ciudad, el creciente desempleo y la gestión municipal se expresaron en un estilo cada vez más febril. Al principio, las reuniones se dedicaban a las preocupaciones cotidianas de artesanos, comerciantes, funcionarios y pensionistas. Había debates normales, pero también había un grupo pequeño,

---

1. Allen, W. S., *Une petite ville nazie*, Tallandier, París, 2016, pág. 11.

cada vez más conflictivo, que prefería tratar los temas abstractos del nacionalismo, el poder insidioso de los judíos y de los marxistas. En Thalburg no había antisemitismo, pero la población, muy religiosa, organizaba espectáculos, películas, tómbolas, desfiles militares que escenificaban una batalla de ideas contra un enemigo, «el judío, el socialista, el impío o, si se prefieren vagas generalidades, "el sistema" culpable de todo».[2]

El proceso que lleva al poder es clásico. En primer lugar, hay que organizar grandes desfiles en los que la marcha poderosa, las canciones ofensivas, la ropa con insignias como las tres flechas del frente de hierro, desencadenan sentimientos fuertes. Luego los discursos tendrán que dar argumentos para legitimar la indignación, el odio y la justa ira. Entonces será difícil no pasar al acto, buscar la pelea y romper todo lo que representa la sociedad que quieren destruir, monumentos, bancos en las aceras e incluso escuelas: «La violencia política se convirtió en una institución permanente... En Thalburg había una población judía muy pequeña. Según el censo de 1932, ascendía a 120 personas de una población de 10.000».[3] No había ningún barrio judío, sino un grupo pequeño pero perfectamente asimilado de comerciantes, profesores, músicos y deportistas que se sentían alemanes y estaban contentos de serlo. Tampoco había antisemitismo. Para desencadenar el odio bastaba con que el Partido Nacional Socialista, en su periódico, el *Thalburger*, expresara su indignación contra «la judería internacional que difundía propaganda infame contra Alemania».[4] En realidad, no había nada. Salvo la representación de esta realidad inexistente, un discurso bien estructurado por una retórica clara y afirmativa y una puesta en escena emotiva, vigorosa y estimulante que resultó en una justa

---

2. *Ibid.*, pág. 201.
3. *Ibid.*, págs. 171 y 285-286.
4. *Ibid.*, pág. 286.

indignación. Los pocos judíos de Thalburg fueron boicoteados, y en sus relaciones cotidianas sentían que cada uno de sus movimientos era interpretado con hostilidad. Para que el odio de los nazis se convirtiera en justa ira, había bastado con decir que se sentían perseguidos por los judíos y que debía cesar «su campaña de odio y boicot a los productos alemanes».[5] Aquellos judíos no dijeron nada, ya que pensaban que eran alemanes, pero los nazis, para legitimar su deseo de violencia, alegaron que era en defensa propia. Esta política de patio de colegio («No he sido yo, señorita, ha empezado él») resultó eficaz. El proceso de inflamación se desencadenó y los alemanes antinazis, al argumentar racionalmente en contra del discurso antisemita, difundían involuntariamente sus afirmaciones sin pruebas. Al principio de la guerra, los talburgueses se alegraron de las victorias del ejército alemán. La dictadura nazi ya no necesitaba textos escritos para imponer su ley, ya que la aplicaban a diario miles de microdictadores. Las órdenes ya no eran necesarias, puesto que la población estaba felizmente subyugada.

Así es como podemos convertirnos en prisioneros de un discurso, podemos creer en él, como si fuera obvio, cuando sentimos en el fondo la emoción provocada por la arenga en la que todos comparten el mismo sentimiento. Las palabras ya no describen nada de la realidad, y, sin embargo, hay un verdadero sentimiento de rabia, desprecio e indignación que legitima el acto. Este proceso en el que uno se somete a una representación completamente alejada de la realidad podría llamarse «delirio lógico». No es una psicosis, es un delirio normal cuando le damos tanta importancia a un relato en el que creemos como una Revelación. Así que, para creer mejor en ella, evitamos cualquier razonamiento que pueda atenuar nuestras emociones. Mediante este procedimiento mental, nos convertimos en cómplices inconscientes del discurso

---

5. *Ibid.*, pág. 287.

que nos aprisiona. ¿Es así como se podría explicar el asombroso poder de las sectas cuando personas bien educadas e inteligentes se someten a un relato estúpido hasta la muerte?

Este problema fue planteado a finales del siglo XIX por dos psiquiatras que se sorprendieron al descubrir la llamada *folie à deux*.[6] Dos personas expresan el mismo delirio: «Nos envían ondas a través de la lámpara de araña... alguien entra en nuestra casa por la noche para mover cosas... para poner hilos de polvo en la mesa del comedor... desgastan nuestros zapatos caminando con ellos por la noche mientras dormimos...». Estas dos personas combinan sus historias para explicar un misterio: «Si nuestros zapatos están gastados, es porque una entidad invisible los utiliza para caminar por la noche». Ante esta explicación de dos personas, el psiquiatra tiene una opción: puede creer en esta afirmación confirmada por el testimonio del otro, o puede pensar que uno de los dos está delirando y que el otro se adhiere a este delirio. Pero ¿quién es el que delira? Dado que describen los mismos hechos con la misma convicción, ¿quién es el inductor? Estas dos personas comparten la intimidad, están apegadas la una a la otra, son inteligentes y son infelices a causa de esta injusta intromisión. Habría que separarlos para saber cuál es el que delira e induce al otro. Esta aceptación del delirio en pareja no es infrecuente en las prácticas cotidianas, requiere que la persona influenciada se haya dejado despersonalizar previamente por un amor excesivo hacia el delirante. Esto es fácil de entender en la relación entre padres e hijos, cuando un padre o una madre delirante suscitan el rescate de su cónyuge no delirante. Este delirio, aceptado por una persona sana, es común en las parejas amorosas y en las relaciones de ascendencia en las que la persona delirante dominante comunica sus representaciones a

---

6. Lasègue, C.; Falret, J., «La folie à deux ou folie communiquée», *Archive générales de médicine*, noviembre de 1877, págs. 257-297.

sus admiradores. Me acuerdo de una joven que estaba muy enamorada de un joven paranoico. Sus padres no habían hecho el diagnóstico, pero, sintiéndose incómodos con el joven, le habían dicho a su hija que no estaban de acuerdo con la relación. La pareja huyó, desvinculándose de cualquier relación que pudiera inducir a la duda y suscitar la protección del miembro de la pareja no delirante. El chico, cada vez más desconfiado, había pedido a su compañera que le ayudara a descubrir a quienes querían matarlo. La chica, angustiada por el amor y queriendo proteger a su compañero, perfeccionó el arte de detectar las miradas falsas, los comportamientos extraños y las palabras que querían decir algo distinto a lo que se suponía. La pareja huyó, moviéndose de noche para escapar de los perseguidores invisibles. En pocos meses, esta joven equilibrada había adquirido la paranoia de su pareja. Se asustaba cuando veía una señal peligrosa y hacía rituales mágicos con él para ahuyentar a los atacantes invisibles.

Las negaciones del embarazo son sorprendentes, cuando una joven embarazadísima afirma con convicción que no lo está y su madre la apoya. Muchos adolescentes que quieren dejar a sus familias o se ven obligados a hacerlo y no encuentran un lugar en la sociedad se ven tentados a unirse a un círculo esotérico. Encuentran apoyo en las reuniones de iniciación que dan sentido a sus esfuerzos, y se sienten mejor cuando aceptan las limitaciones de las reuniones, las palabras que deben recitar y el dinero que deben entregar al gurú.

El significado que le damos a las cosas cambia la forma en que las sentimos. Cuando se aprobó la arianización de las propiedades judías en 1941, la población alemana se dividió en tres categorías: el 40% de los arianizadores se aprovechó robando o «comprando» a precios increíbles los enseres domésticos del vecino. Entraban en su casa, se llevaban la cafetera, depositaban una pequeña cantidad de dinero para obtener un certificado de arianización y volvían a casa sin sentir vergüenza. La representación colectiva era tan clara, que quien se llevaba la cafetera del vecino no hacía más que aplicar la ley.[7] Otros alemanes (otro 40%) se hicieron con un negocio judío a muy bajo coste y lo desarrollaron por su cuenta. La madre de Hélène Epstein tenía un taller de alta costura en Praga. Cuando se dio cuenta de que iba a ser detenida, confió sus joyas a una empleada. Tras una experiencia cercana a la muerte en Theresienstadt, regresó a casa. Su empleada había vendido las joyas para comprar legalmente el taller y la casa. Invitó amablemente a su exjefa a compartir una comida con la que había sido su propia vajilla, la cual también ha sido arianizada.[8] Esta situación encajaba con el discurso que legalizaba la apropiación de las propiedades judías. No hay razón para avergonzarse. Sólo el 20% de los alemanes no se dejó atrapar por estos chollos. Cuando compraban una propiedad, pagaron el precio que habrían dado a un propietario no judío.

Este proceso normal de aceptación de una representación colectiva es necesario para la convivencia, pero puede derivar fácilmente hacia un discurso de dominio. Quienes aceptan sin pensar se dejan despersonalizar. «La secta [...] es una estructura dogmática de sumisión, cerrada sobre sí misma, dirigida por una autoridad absoluta, sin contrapoder, en la que el individuo pierde su dimensión de persona».[9] Cuando uno se siente vulnerable, acepta fácilmente las afirmaciones dogmáticas que le sirven de respaldo intelectual. Los pensamientos giran en torno a unas pocas prótesis verbales, pero, como en la *folie à deux*, los allegados del que recita están apegados a él, se dejan arrastrar para seguir compartiendo su afecto.

---

7. Hilberg, R., *La Destruction des Juifs d'Europe*, Gallimard, col. «Folio», París, 2006. [Trad. cast.: *La destrucción de los judíos europeos*, Ediciones Akal, Madrid, 2020].

8. Epstein, H., *Le Traumatisme en héritage*, La Cause des Livres, París, 2005.

9. Jougla, S., «Emprise sectaire et processus résilient», en E. Baccino, P. Bessoles (dir.), *Victime-Agresseur*, tomo 3: *Traumatisme et résilience*, Champ Social, Nîmes, 2003, pág. 56.

Bendita alienación

La creación de Néo-Phare es un ejemplo de una familia subyugada por las extrañas ideas de un hombrecillo que interpreta la numerología de la Cábala a su manera. Mediante un juego de letras y números, el autor demuestra «lógicamente» que ¡Cristo es él! Explica que predijo los atentados de las Torres Gemelas de Nueva York el 11 de septiembre de 2001 y que, por tanto, es capaz de predecir el apocalipsis del 11 de junio de 2002. Su explicación es delirante (alejada del surco de labrador), extravagante (se aparta de la ola),[1] pero «su delirio pseudocientífico sistematizado, lógico y coherente convenció a unos pocos seguidores que estaban convencidos de tener la suerte de ser iniciados».[2] El apocalipsis no se produjo y el gurú, para salvar su teoría, culpó a sus seguidores del fracaso. Un discípulo se arrojó bajo las ruedas de un coche y, al día siguiente, una adoradora desesperada se arrojó desde un castillo, con un tulipán en la mano, símbolo de la secta a la que permanecía fiel.

Cuando Hitler, en su búnker en 1945, comprende que ha perdido la guerra, le echa la culpa a su pueblo, que no había sido lo suficientemente valiente para defender su maravillosa utopía. La teoría se preservaba; delirante, pero se preservaba. Es el pueblo el que ha cometido traición. Göring es despojado de su cargo cuando Goebbels se reúne con su Führer en abril de 1945.

---

1. Rey, A., *Dictionnaire de la langue française*, Le Robert, París, 2012, págs. 980 y 1300.
2. Jougla, S., «Emprise sectaire et processus résilient», art. cit., pág. 58.

Este doctor en filosofía fue ascendido inmediatamente a Canciller del Reich el 30 de abril de 1945, el mismo día en que se suicidó.[3] Sus seis hijos jugaban en el búnker. «Corrían y charlaban como si no hubiera pasado nada».[4] Magda Goebbels los reunió y le dio a cada uno una cápsula de cianuro antes de suicidarse con su marido. Cuando una persona pierde su libertad interior, queda reducida a la función de herramienta para ejecutar una voluntad superior.

El pensamiento perezoso encuentra inmediatamente una explicación: «Esta gente son enfermos mentales, por eso se someten a ideas tan estúpidas, hasta el punto de suicidarse o matar a sus propios hijos». ¿Hay alguna otra explicación? Es normal someterse, así es como los niños aprenden a vivir y ganan autoestima. Esta idea paradójica está respaldada por las observaciones experimentales de la investigación sobre el apego.[5] Un niño sólo puede llegar a ser él mismo si otro ha estructurado su alma: su madre, su padre, su lengua materna, su barrio, los valores y estereotipos de su cultura tienen este poder. La sumisión primordial estructura nuestra identidad, pero debemos liberarnos de ella para continuar nuestro desarrollo personal. «La conexión con los mecanismos de *coping*, de liberación o de resiliencia [...] pueden ser observados o analizados científicamente».[6] Este beneficio de dejarse atrapar no es una enfermedad mental, es

---

3. Bensoussan, G.; Dreyfus, J.-M.; Husson, E.; Kotek, J. (dir.), *Dictionnaire de la Shoah*, Larousse, París, 2009, pág. 256.

4. Misch, R., *J'étais garde du corps d'Hitler*, Le Cherche Midi, París, 2006, pág. 202.

5. Friard, D., «Mécanismes de défense», en M. Formarier, L. Jovic (eds.), *Les Concepts en sciences infirmières*, ARSI (Association de recherches en soins infirmiers [Asociación de investigación en curas de enfermería]), 2012, pág. 213.

6. Thapar, A.; Pine, D. S. *et al* (eds.), *Rutter's Child and Adolescent Psychiatry*, Wiley and Sons, Nueva York, 2018.

una dificultad para pensar por sí mismo en un hogar en el que apego no ha sido seguro (esquivo, ambivalente o confuso), o porque el contexto cultural no ha tutelado al sujeto que, convertido en un vagabundo, exige ser capturado. Cuando uno ha adquirido tal vulnerabilidad, acepta los pensamientos prefabricados que le sirven de prótesis. Daniel Zagury dice: «En mis numerosas evaluaciones de la dominación mental [...], observé un fuerte sentimiento de pertenencia familiar. Pero no observé ninguna afección psiquiátrica, ningún trastorno importante».[7] La necesidad de pertenecer a un grupo para sentirse uno mismo y de hablar de problemas comunes para estructurar el propio mundo mental explica la locura compartida. Es un fenómeno normal, una necesidad de identidad debilitada por un fracaso relacional o cultural.

Los amerindios de México utilizan desde hace tiempo el jugo de un cactus sin espinas, el peyote, para desencadenar un fenómeno psíquico que comparten con el grupo. Dos o tres horas después de la ingestión, la sustancia provoca euforia, una especie de embriaguez con alucinaciones. El indio siente que se convierte en Otro y experimenta autoscopias: se ve a sí mismo como si su alma flotara sobre su cuerpo. Este fenómeno fisiológico se utiliza durante las ceremonias religiosas para crear una iniciación cuando, todos juntos, los indios sienten que han viajado a otro mundo distinto de la realidad, como un impulso hacia la espiritualidad. En Occidente, el alcohol puede asumir esta función iniciática durante las fiestas organizadas como rito de paso cuando se abandona el celibato, cuando se firma un contrato o cuando uno se jubila. La intoxicación alcohólica compartida crea una sensación de iniciación con un antes y un después. Este momento de locura compartida une a los compañeros y los

---

7. Zagury, D., *La Barbarie des hommes ordinaires*, Éditions de l'Observatoire, París, 2018, pág. 87.

lleva a un nuevo mundo. Así funcionan las ceremonias de culto, la *folie à deux* y el delirio familiar.

No es raro que una emoción violenta provoque un efecto de éxtasis, ira o miedo en una familia, no es necesario ingerir una sustancia para provocar un trastorno emocional. Un acontecimiento o una relación que altere la secreción de neurotransmisores nos hace ver el mundo de forma diferente. Las buenas noticias nos hacen sentir eufóricos al aumentar la secreción de serotonina, una declaración de amor aumenta los niveles de oxitocina (neurohormona del apego), y una relación de dominación desarrollada por una persona influyente puede ponernos en alerta constante al intensificar sustancias de alarma como el cortisol y las catecolaminas.

Esto es lo que les ocurrió a los once miembros de una familia bastante equilibrada que tenía un fuerte sentimiento de pertenencia porque estaba unida por el amor a su mansión. Esta familia, cautivada por un hombrecillo paranoico, se dejó encerrar en su finca de Monflanquin, porque se había creído su delirio. Ghislaine de Védrines vivía en una familia rica, exitosa y conflictiva de la región de Burdeos.[8] Dirigía una escuela de secretariado en París para chicas jóvenes de buena familia. Su gestión era cada vez más difícil y Mme. de Védrines pasaba por un período doloroso. Su padre había muerto dos años antes y su hermana mayor, su segunda madre, le había seguido al año siguiente. Su marido ya no estaba disponible porque estaba absorto en la creación de su propio periódico. Se encontró sola, triste, abrumada por mil problemas. Fue entonces cuando Thierry Tilly, empleado de limpieza de la escuela, entró en su mundo dándole consejos sencillos. Ella decía: «Poco a poco empecé a disfrutar escuchándole, hasta soñaba con hacerlo, eso daría

---

8. Védrines, G. de; Marchand, J., *Diabolique. L'effroyable histoire d'une famille. Les reclus de Monflanquin*, Pocket, París, 2015.

paso pronto a una sensación de alivio... Qué consuelo tener a un hombre así a nuestro lado en un momento tan difícil».[9] Ella se sentía mejor cuando él estaba cerca, confiaba tanto en él que no dudó del secreto que un día le reveló: «Soy un agente secreto de la OTAN, encargado de luchar contra la creciente influencia de la masonería».[10] ¡Ya está! Aquella mujer, normalmente lúcida y valiente, pero que en un momento de vulnerabilidad necesitaba una base de seguridad, picó el anzuelo. Fue ese hombrecillo mitómano y conspiranoico quien la hizo sentir segura y la despersonalizó, estableciendo una relación de dominio sobre ella. En adelante lo aceptará todo, creerá que la protege con sus equipos invisibles y que, para salvarse, sólo debe hacer lo que él le diga: vender el castillo, los bienes inmuebles y transferir el dinero a una cuenta en Inglaterra a la que los masones y los judíos no tendrán acceso. Ya estaba, ¡el proceso estaba en marcha! Cuando uno se traga acríticamente la primera frase delirante, la cadena de otras afirmaciones se acepta fácilmente. Como en la *folie à deux*, en la que la mente sana es arrastrada al delirio del otro, como en la negación del embarazo, en la que madre afirma contra toda evidencia que su hija no está embarazada, como en el síndrome de Estocolmo, en el que el prisionero terriblemente ansioso se adhiere a las ideas de su carcelero tan pronto éste establece una relación segura con él, el proceso es el mismo en una sociedad angustiada cuando un Salvador promete lo que ella espera: orden, felicidad y paz. Una relación de dominio se establece fácilmente cuando un influenciador calma un apego ansioso: «Sueño con escucharlo... me proporciona una sensación de alivio», decía Ghislaine. Cedemos al canto de las sirenas cuando todo se desmorona a nuestro alrededor, renunciamos a la libertad por una promesa de felicidad: «Obedeced», dijo Hit-

---

9. *Ibid.*, págs. 13-14.
10. *Ibid.*, pág. 35.

ler al humillado pueblo alemán: «Os daré mil años de felicidad». Entonces el pueblo obedeció. Se tragaron el señuelo que les prometía lo que soñaban: salir de la ruina, construir una nueva sociedad. Este pueblo educado se tragó tanto el anzuelo porque necesitaba una historia grandiosa para reparar su humillación. *Mein Kampf* desempeñó este papel. Doce millones de alemanes lo compraron, hojearon algunas frases y colocaron el libro en un lugar destacado de la mesa como signo de pertenencia. «Tú también leíste *Mein Kampf*, compartimos la misma visión del mundo. El autor de este libro, nuestro salvador, nos dice lo que debemos pensar para recuperar la esperanza. Él sabe de dónde viene el mal y dicta nuestra conducta. Está escrito». Los pocos alemanes que realmente leyeron este libro se quedaron atónitos. La incoherente narración describe una realidad imaginaria, una hermosa historia que no corresponde a nada y que, sin embargo, da felicidad a los desesperados: «Me sentía miserable, todos me despreciaban. Pero desde que le digo a la gente... que soy médico de la OMS,[11] que tengo orígenes nobles, que pertenezco a la raza superior, que mi representante, mi amado líder, mi *Führer*, me dice lo que debo hacer, cómo debo vestir, cómo debo marchar, cómo debo tomar las armas para recuperar el lugar que merezco... entonces siento una sensación de felicidad».

Esta creencia es un engaño, ya que el relato no designa nada real. Nunca se han encontrado los orígenes arios de los pueblos germánicos, y ningún ensayo biológico ha confirmado la calidad superior de los rubios, pero este discurso del Salvador trajo tal euforia en medio de la desesperación, tal alivio, que los creyentes cerraron los ojos, sólo querían creer. El amor a la naturaleza, el romanticismo, la belleza de los superhombres rubios, la fe en

---

11. Carrère, E., *L'Adversaire*, POL, París, 1999. La historia de Jean Claude Romand, que mató a sus padres, a su mujer y a sus hijos cuando estaban a punto de descubrir que no era médico de la OMS. [Trad, cast.; *El adversario*, Editorial Anagrama, Barcelona, 2013].

días mejores, la guerra contra el Mal, los judíos, los eslavos, los enfermos mentales y los infieles dieron vida a una imaginación maravillosa: «Ningún otro movimiento [...] despertó tanto entusiasmo entre los jóvenes».[12] Estas ideas no representaban nada del mundo real, pero eso no importaba, porque lo único que contaba era la sensación de felicidad que surgía en medio de la depresión. Cuando uno necesita someterse a una influencia benéfica, puede creer en cualquier cosa, pero entonces debe odiar a los que desafían esta creencia porque rompen las defensas y le impiden ser feliz.

Ghislaine se sentía tan protegida por Tilly, que cuando Jean, su marido, intentó abrirle los ojos, odió a la persona a la que amaba. Prefirió creer a su protector, que acababa de decirle que su servicio secreto había descubierto que Jean (el padre) había contratado a unos asesinos asiáticos para acabar con la vida de sus hijos.[13] La familia estaba ahora dividida en dos bandos irreductibles. Los once reclusos de Monflanquin, sometidos asombrosamente a una narración alejada de la realidad que se había apoderado de sus almas, estaban compuestos por un médico, unos estudiantes, una abuela culta y una mujer emprendedora, que se habían aislado para protegerse: «Ya no tenemos amigos, solo tenemos enemigos».[14] La otra parte de la familia, horrorizada por la reclusión y la ruina total, al querer ayudar a los reclusos, suscitó su agresividad. Jean, el marido, un apreciado periodista, había alertado a los medios de comunicación, que llevaron a cabo una investigación seria. El periódico *Sud-Ouest* publicó un artículo de una página titulado «Puertas misterio-

---

12. Mosse, G. L., *Les Racines intellectuelles du Troisième Reich*, Mémorial de la Shoah/Calmann-Lévy, París, 2006, pág. 201.

13. Védrines, G. de; Marchand, J., *Diabolique. L'effroyable histoire d'une famille*, op. cit., pág. 247.

14. *Ibid.*, pág. 301.

samente cerradas en el castillo de Martel».[15] Los reclusos los demandaron por invasión de la intimidad y el periódico fue condenado a pagarles 23.000 euros. Esta suma fue a Londres, al banco amigo que excluía a masones y judíos. Los reclusos, triunfantes, aumentaron su sumisión a Tilly el Salvador.

Me pregunto por qué algunos miembros de esta familia participaron en su propia alienación mientras que otros se opusieron a ella. Un ser humano está alienado, en el sentido marxista de la palabra, «cuando [...] se desvía de su conciencia debido a condiciones económicas».[16] Lo más frecuente es que se trate de un hombre o una mujer, que al no poseer ningún medio de producción entrega su libertad para sobrevivir dejándose esclavizar, como en la antigua Roma,[17] como el proletariado de la era industrial o como las prostitutas de todos los tiempos. En la relación de dominación, es un Otro quien se apodera del alma del alienado. Este último, privado de su conciencia, se deja poseer por la conciencia de otro, al que atribuye una superioridad. En el caso de los reclusos de Monflanquin, una parte de la familia se dejó poseer, mientras que otra se opuso. ¿Por qué esta diferencia? Es posible plantear la hipótesis de que los poseídos habían adquirido una vulnerabilidad estructural durante su desarrollo o durante un período difícil de su vida. En cambio, los resistentes habían sido capaces de construir una conciencia de sí mismos, una asertividad que les daba fuerza para seguir siendo ellos mismos, bien estructurados, capaces de no dejarse poseer. La familia de Védrines, rica y culta, había sufrido factores de vulnerabilidad económica (la gestión de la escuela) y personal (desarrollo ansioso). Esta fragilidad se da en todos los niveles

---

15. *Ibid.*, pág. 276.

16. Rey, A., «Aliénation», *Dictionnaire de la langue française*, Le Robert, París, 2012, pág. 78.

17. Ariès, P.; Duby, G. (dir.), *Histoire de la vie privée*, tomo I: *De l'Empire romain à l'an mil*, Seuil, París, 1985, págs. 61-79.

de la sociedad, pero su probabilidad es mayor cuando las condiciones socioculturales son adversas.

En el Imperio Romano, y hasta el año 1000 en Occidente, nadie se oponía a la esclavitud, así era como se fabricaba lo social. La socialización arcaica se lograba a través de la dominación. Hay que tener paz interior y vivir en una sociedad organizada para vivir feliz sin necesidad de dominación. La moral de aquella época era simplemente ser «buen amo» o «buen esclavo». Incluso el cristianismo, que permitió el progreso descalificando la violencia, poniendo la otra mejilla, dando a las mujeres dignidad mediante la figura de María, no impugnó la esclavitud y más tarde participó en las guerras de religión y de colonización. En Roma, un hombre sin familia ni hogar se ofrecía como esclavo y se dejaba dominar para no morir solo en la calle. Al resocializarse de esta manera, se ponía en una situación de dependencia infantil. Así, el amo podía pegarle, y cuando una mujer burguesa tenía una sirvienta, no dudaba en morderla cuando no estaba contenta con su trabajo.[18] Cuando un grupo humano está infantilizado, la menor rebelión tiene el efecto de un parricidio. El castigo a un mal hijo o a un esclavo rebelde parecía algo moral.

---

18. *Ibid.*, págs. 61-79.

El poder del conformismo

Ya en nuestra época, cuando un pueblo está infantilizado, interioriza la ley del más fuerte y le atribuye un valor moral. En 1943, Hélène Berr prepara unas oposiciones a una cátedra de inglés en la Sorbona. Para relajarse, va a un jardín público cerca de Notre-Dame. Una vecina llama inmediatamente a la comisaría para denunciar esta transgresión, ya que Hélène lleva la estrella de David cosida en el pecho. Cuando la policía llega para detener a la delincuente, la vecina, en su justa indignación, exclama: «¡Estos judíos se lo permiten todo!».[1] Cuando nos sometemos a la doxa de las frases estereotipadas y las aceptamos sin pensar, nos acercamos a la moral del buen amo que golpea a su esclavo, a la ira de la mujer burguesa que muerde a la señora de la limpieza y a la vecina indignada que llama a la policía porque una estudiante judía ha osado sentarse en un jardín público. Pensar por uno mismo necesita un grado de libertad interior. Pero en el siglo XXI, cuando la esclavitud teóricamente ha desaparecido, cuando la gente muerde mucho menos a la señora de la limpieza, cuando un judío puede sentarse en un jardín público, la memoria colectiva ya no lleva en sus relatos la representación de una jerarquía de personas donde una tiene el poder de imponerse a la otra.

La noción de «pensar por uno mismo» que da acceso a un grado de libertad es ciertamente ilusoria cuando la neurociencia

---

1. Berr, H., *Journal suivi d'Une vie confisquée*, prefacio de Patrick Modiano, Tallandier, París, 2007 (premio Corrin, Historia de la Shoah, 2015). [Trad. cast.: *Diario*, Anagrama, Barcelona, 2009].

y las pruebas clínicas demuestran que un niño solo, sin alteridad, no puede pensar. Es necesaria una influencia dominante. Es gracias a esta influencia que un niño es tutelado hacia la adquisición de un temperamento, hacia el aprendizaje de la lengua materna, hacia el respeto de los rituales que socializan. Para que esta influencia sea personalizadora, es necesario pensar en algo. Los niños hiperactivos tienen un déficit de atención tal, que aprenden mal y se socializan mal. Cuando no reciben la huella de su entorno porque la madre ha muerto, la familia está destrozada o el país está sumido en el desastre económico, los niños que se han convertido en errantes, anómicos, indeterminados, están sujetos a sus impulsos que nunca han aprendido a controlar. Pero, en cambio, cuando la influencia del otro es despersonalizadora porque se apodera del mundo íntimo, porque el padre es un tirano doméstico o la sociedad totalitaria impide cualquier pensamiento, algunos sienten este dominio como una certeza moral y se sienten orgullosos de someterse. Los que rechazan la ley impuesta por el líder se encuentran frente a una disyuntiva trágica: pueden adaptarse apagando su vida psíquica, pueden huir o tomar las armas.

El Otro en mí es necesario puesto que me permite apegarme, hablar la lengua acordada, construir un mundo de relatos y vivir en él con aquellos a los que me parezco. Pero cuando el Otro me expulsa de mí mismo, me posee como si fuera su esclavo. Probablemente el conformismo permite la regulación entre estos desarrollos necesarios y opuestos. Sin el Otro, me convierto en nadie, como vemos en el abandono infantil y el aislamiento sensorial. Pero cuando el Otro me posee, no puedo llegar a ser yo mismo, proseguir mi propio desarrollo. El Otro en mí permite el apego, la lengua materna, la identidad propia y de grupo, las opiniones y creencias compartidas que unen a los individuos. Pero cuando el Otro que hay en mí se apodera de mi mundo íntimo, estoy poseído, me convierto en nadie.

El ajuste entre estas dos necesidades opuestas se lleva a cabo como una transacción. Cuando el Otro es paranoico, cree que lo que él piensa es la única verdad y le molesta que la gente no se someta a ella; le parece moral que la policía imponga su pensamiento. Cuando el Otro es un mitómano, inventa un mundo de relatos que introduce fácilmente en el alma de la gente porque les cuenta lo que esperan. Pero cuando el Otro es paranoico y mitómano, ¡se le vota! Es difícil pensar por uno mismo cuando necesitas la influencia de los demás para ser tú mismo, y luego tienes que distinguirte de ellos para desarrollar más tu personalidad. ¿Hasta qué punto debemos aceptar la influencia de los demás? «[...] una reunión de individuos ha decidido silenciar su individualidad para crear una entidad llamada "grupo" [...] una identidad colectiva se define por características comunes [...]. El individuo se deja influenciar, se amolda al grupo porque éste le resulta atractivo».[2] Entonces, ¿hay individuos que están deseosos de ser influenciados debido a un desarrollo frágil o un momento difícil? Incluso los individuos bien personalizados se dejan influir cuando se sienten atraídos por un grupo cuya imagen les conviene, lo que explica su conformismo voluntario.

El cuerpo de bomberos tiene una fuerte identidad y una buena imagen. Los hombres suelen ser altos, bien plantados, con una cintura estrecha y pectorales abultados, con un aspecto amable de aventurero. Las mujeres que sirven en el cuerpo también transmiten una bella imagen de coraje y generosidad. ¿Cómo podría una comunidad no convertir en héroes a estos hombres y mujeres? ¿Cómo podría un niño no querer ser como ellos? Cuando un grupo humano necesita héroes, es porque está en dificultades y espera que un salvador venga a protegerlo. Ésta es la misión de los bomberos, que intervienen cada vez

---

2. Crombez-Bequet, N., *Approche éthologique du conformisme et de la dissonance cognitive au sein des sapeurs-pompiers. Étude des liens entre le conformisme, l'attachement et l'estime de soi*, disertación para el diploma universitario «Attachement et systèmes familiaux», Universidad de Toulon, septiembre de 2021.

143

menos en incendios y cada vez más en accidentes de la civilización. El sentimiento de pertenencia a un grupo admirado da sentido a sus esfuerzos y facilita su conformismo, un proceso de influencia deseada que selecciona las percepciones, organiza las creencias y dirige el comportamiento para ajustarse al conjunto del grupo admirado.[3] Este conformismo tiene un efecto fortalecedor: «Estoy haciendo lo correcto... si consigo ser como ellos, seré querido y admirado». Cuando los hijos de los maestros querían serlo, cuando los hijos de los campesinos admiraban la experiencia de sus padres, cuando ciertas familias generaban regimientos que soñaban con defender Francia, este proceso de identificación producía bienestar y orgullo, pero también una norma no siempre justificada: «La identificación con un objeto idealizado contribuye a la formación y al enriquecimiento [...] de la persona».[4] Soñar con convertirse en un bombero admirado es una estrella que señala el norte. En cuanto se tiene un proyecto y un ideal de uno mismo, se selecciona la información que permite la realización de este proyecto, se comparten las creencias del grupo que nos asegura y refuerza y uno entrena para comportarse como aquellos a los que se admira. El conformismo se convierte así en una fuerza de integración. Se desea ser dominado, damos poder a quien nos dirige para nuestro mayor bien.

Para que este proceso continúe hasta la madurez, la persona debe ser capaz de liberarse de la dominación. «Hay que llevar de la mano para conducir a la emancipación», me dijo una vez Jean-Pierre Pourtois. El acceso a la autonomía no se consigue cuando el sujeto ha adquirido un estado de vulnerabilidad del desarrollo. Siempre necesita un guía que le lleve de la mano. A

---

3. Maurin, E., *La Fabrique du conformisme*, Seuil, París, 2015.
4. Laplanche, J.; Pontalis, J.-B., *Vocabulaire de la psychanalyse*, PUF, París, 1973, pág. 186.

veces una fragilidad momentánea otorga una importancia inmerecida a un padre, a un sacerdote o a un gobierno. El fracaso se origina a menudo en la organización social que no cuida bien de la primera infancia, lo que la predispone para las incivilidades, la delincuencia y las depresiones que cuestan al Estado infinitamente más que la inversión en los primeros años de vida. Cuando un niño ha sido expulsado de su familia desorganizada, expulsado de la escuela donde no aprendió nada, expulsado de una adolescencia en la que no tuvo acceso a la cultura, expulsado del ejército que no lo quería, expulsado de la sociedad en la que no sabía hacer nada, este joven se encuentra dinamizado de repente por un yihadista que le aporta autoestima y da un sentido a su vida al enviarlo a asesinar a niños en una escuela judía o a musulmanes que traicionaron al islam uniéndose al ejército francés. Así es como los yihadistas disfrutan de unos meses de felicidad antes de cometer su crimen con una sonrisa. Cuando un hombre pretende entenderlo todo y quiere imponer su verdad, siempre encontrará unas cuantas almas heridas que se dejarán influir por un gobernante seguro de sí mismo, impermeable a cualquier desafío que, al pretender salvarlos, esclavizará a quienes creen en él.

Imitar es estar con

Antes se decía que, desde los primeros años, la imitación era una reacción común destinada a copiar el comportamiento de los demás. Hoy se explica que la imitación es más que una mera copia, es un canal de comunicación que establece una relación.[1] Cuando un niño imita a otro, expresa con este comportamiento que desea habitar el mismo mundo que el compañero imitado. Cuando un niño en una guardería palmea el puré de patatas para que salpique, es muy raro que no sea imitado por otros niños, que con este juego dicen: «Estoy contigo porque hacemos salpicar el puré». Se trata de una importante sincronización de emociones y mundos mentales para los niños, a pesar de las opiniones en contra de las mamás salpicadas de puré.

La primera imitación se produce en los recién nacidos de dos semanas, que no pueden evitar imitar las expresiones faciales de la figura de apego. Cuando un adulto conocido saca la lengua, el bebé responde sacando la lengua, frunciendo el ceño, abriendo la boca o poniendo mala cara, como hace el adulto.[2] Esta actuación perceptiva y motriz revela cómo, desde las primeras semanas de existencia, el ser humano es tan sensible a lo que viene de los demás que le es difícil no responder a ello, y sincroniza su mundo con el de quienes le rodean. Más adelante, en torno a los 18-24 meses, la imitación puede ser diferida, no inmediata. Esto

---

1. Nadel, J., *Imitation et communication entre jeunes enfants*, PUF, París, 1986.
2. Meltzoff, A. N.; Moore, M. K., «Imitation of facial and manual gestures by human neonates», *Science*, 198 (4312), 1977, págs. 74-78.

demuestra que puede responder a lo que ha visto y almacenado en su memoria. Al imitar el comportamiento pasado de una figura de apego, el niño responde a un estímulo que ya no está en el mismo contexto. Se ha vuelto capaz de simbolizar, puede repetir lo que otro ha implantado en el pasado en su mundo mental. El niño puede mostrar ecopraxis (repetición de gestos) y ecolalias (repetición de sonidos), incluso cuando el adulto ya no está cerca. El niño empieza a ser autónomo porque en su memoria ha recibido la huella del adulto. Para llegar a ser uno mismo, es preciso haber sido impregnado por otro. Para conducir a alguien a la emancipación, hay que haberle llevado de la mano. Para pensar por uno mismo, hay que haber estado con otros. Esto explica por qué los niños no guiados tienen dificultades para emanciparse, divagan y se sienten mejor cuando perciben el dominio de otro. La repetición de palabras ajenas es necesaria para aprender su lengua materna. La recitación adquiere entonces «una función tranquilizadora, de autoestimulación, de autoerotismo».[3] Es lo que ocurre cuando una persona desorientada se reorienta adhiriéndose a las palabras de una figura tranquilizadora, como ocurre en la educación, en las oraciones de los creyentes, en las consignas políticas y en cualquier relación en la que un sujeto inseguro busca un tutor tranquilizador.

La imitación se vuelve intencional desde los primeros encuentros. Los turnos de palabra tienen lugar cuando la prosodia, la música de las palabras, indica que el locutor está a punto de ceder la palabra.[4] Esta performance intelectual requiere que

---

3. Edelbaum, G., «Echolalia», en D. Houzel, M. Emmanuelli, F. Moggio (eds.), *Dictionnaire psychopathologique de l'enfant et de l'adolescent*, PUF, París, 2000, pág. 283.

4. Meltzoff, A. N.; Gopnik, A., «The role of imitation in understanding persons and developing a theory of mind», en S. Baron-Cohen, H. Tager-Flusberg, D. J. Cohen (ed.), *Understanding Other Minds*, Oxford University Press, Oxford, 1993, págs. 335-366.

el niño tenga acceso a lo que se conoce como «teoría de la mente», cuando se vuelve capaz de representar las representaciones de otra persona: si ralentizo mi discurso, bajo el tono y articulo mejor, la otra persona entenderá que estoy a punto de ceder la palabra. Si a partir del mes 14 le señalo un objeto lejano, actuaré sobre su mundo mental,[5] lo guiaré y viviremos juntos.

Esta capacidad de alejarse de uno mismo para representar el mundo mental de otro y actuar sobre él mediante gestos y palabras nos permite aprender un mismo lenguaje y armonizar nuestros mundos mentales. ¿Significa esto que ser influenciado por otros es necesario para nuestro desarrollo? Si no puedes ser tú por ti mismo, ¿cómo puedes pensar por ti mismo?

Se ha observado que la mera presencia de otra persona cambia nuestro mundo mental e incluso nuestra forma de ver y evaluar el mundo.[6] Por ejemplo, un observador pide a una persona que estime la longitud de unos palos dibujados en dos hojas de papel. En una hoja dibuja un solo palo y en la otra dibuja tres palos de longitud desigual. El observador tiene que elegir el palo que más se acerque a la longitud del palo único. El observador encuentra fácilmente el palo que tiene la misma longitud. Pero cuando el observador involucra a dos compañeros que voluntariamente señalan un palo de longitud distinta, el observado se deja influir, y para estar de acuerdo con sus vecinos, elige como ellos el que no tiene la misma longitud.

En otro experimento, menos preciso pero más ilustrativo, Asch pide a la persona observada que se siente en una sala de

---

5. Robichez-Dispa, A.; Cyrulnik, B., «Observation éthologique du geste de pointer du doigt chez des enfants normaux et des enfants psychotiques», *Neuropsychiatrie de l'enfance et de l'adolescence*, 40 (5-6), mayo-junio de 1992, págs. 292-299.

6. Asch, J. E., «Effects of group pressure upon the modification and distortion of judgments», en H. Guetzkow (ed.), *Groups, Leadership and Men*, Carnegie Press, Pittsburgh, 1951, págs. 177-190.

espera. La persona está sola, cuando de repente sale humo negro de un tragaluz. El observador se levanta rápidamente y trata de informar del suceso. Cuando tres compañeros entran y se sientan en la sala de espera sin mostrar la menor preocupación, el humo que sale del pozo de la ventana sigue siendo el mismo, pero el observador ya no intenta denunciar el inquietante incidente.

Desde hace algunas décadas, los neurólogos explican esta sorprendente imitación emocional y conductual gracias al descubrimiento de las neuronas espejo.[7] El simple hecho de ver a alguien realizar un gesto interesante prepara nuestro cerebro para realizar el mismo gesto. Cuando tenemos hambre y vemos a alguien que está cogiendo un bocadillo, las neuronas que estimulan los músculos de nuestro brazo derecho liberan energía enviando impulsos a esa zona del cuerpo. El simple hecho de ver nos prepara para actuar de la misma manera. La sincronización de las acciones motoras conduce a la sincronización de las emociones. Ver a alguien bailar da ganas de bailar y ver a alguien vomitar da ganas de vomitar. Neurólogos brasileños han observado mediante la neuroimagen el cerebro de las personas que veían una película repugnante en la que un hombre sucio y brutal come de forma repugnante. Sus mímicas faciales expresaron su asco y la resonancia magnética mostró que sus cerebros producían mucho calor en el área de la ínsula, el área cingulada anterior, el córtex orbito-frontal y, especialmente, en la amígdala rinencefálica,[8] revelando así que el sujeto estaba experimentando una fuerte repugnancia. En esta observación experimental, la estimulación de un circuito neuronal específico fue provocada por la simple visión de una imagen.

---

7. Rizzolatti, G.; Sinigaglia, C., *Les Neurones Miroirs*, Odile Jacob, París, 2008. [Trad. cast.: *Las neuronas espejo*, Paidós, Barcelona, 2006].

8. Fontenelle, L.; Oliviera-Souza, R.; Moll, J., «The rise of moral emotion in neuropsychiatry», *Dialogue in Clinical Neurosciences*, 17 (4), 2015, pág. 413.

El poder de las neuronas espejo para hacernos hacer las mismas cosas y sentir las mismas emociones que nuestro vecino inductor explica cómo una psique puede gobernar a otra psique por seducción, por sugestión, por ascendencia, por sujeción o mediante una producción artística. Así funcionan las neuronas espejo cuando vamos al teatro: pagamos, nos sentamos en un espacio decorado para crear una expectativa de acontecimiento. Antes incluso de que los actores entren en escena, entramos en una disposición mental para que nuestras neuronas espejo reciban a los artistas. A veces, las circunstancias de la vida, las desgracias y las preocupaciones nos han hecho vulnerables y ofrecen nuestras neuronas espejo a quienes sabrán cómo encenderlas. Los actores y oradores talentosos que, con sus gestos y palabras, sepan estimular estas neuronas y, a veces, encenderlas, podrán embarcar a los espectadores en una indignación o una ira de la que se harán cómplices, ya que han acudido al acto teatral o político con el deseo de emocionarse. De este modo, se crean deliciosos éxtasis artísticos, justas indignaciones y odios de clan. Preferimos las emociones soportables cuando nos dejamos seducir por mujeres hermosas o gente joven y guapa para experimentar una ligera perturbación sexual, como un beso de película. Pero cuando nos sentimos vulnerables, esta ligera alteración fisiológica adquiere una importancia desmesurada y picamos el anzuelo.

Si por desgracia pudiéramos eliminar la desgracia de la condición humana, cerraríamos las librerías y arruinaríamos los teatros. ¿Es así como podríamos explicar el poder del conformismo, cuando intentamos ponernos de acuerdo, en armonía con extraños que participan en el grupo al que queremos pertenecer?

Seguimos a los profetas cuando hablan de nuestros miedos y esperanzas. Una charla cualquiera no despierta interés, la banalidad de las palabras no tiene un efecto oracular, se necesita un poco de énfasis para apoderarse de un alma.[9] Cuando una persona no ha podido adquirir confianza en sí misma en el curso de su desarrollo o la ha perdido durante una prueba de la existencia, el conformismo le sirve de prótesis. Confiamos y nos apoyamos en los demás para sentirnos respaldados, evitamos comprobar por miedo a dudar, pensar por nosotros mismos, fuera del grupo, sólo queremos creer para sentirnos tranquilos. Otras personas, por el contrario, han adquirido demasiada autoestima y una baja estima de los demás; no tienen necesidad de gustar o conformarse porque están convencidas de que tienen razón: «Yo pienso así, de modo que es verdad porque yo lo pienso. No tengo motivos para dudar y me indigna que la gente no piense como yo, porque tengo razón».

Conocí a alguien que, después de una vida de aventuras impulsada por su servicio militar, se derrumbó tras jubilarse. No sabía qué hacer ni a dónde ir cuando conoció a Gurdjieff, que expresaba una fuerte personalidad. Al no estar influenciado por nadie, no tenía que hacer concesiones: «Me absorben mis pensamientos, mis recuerdos, mis deseos, mis sensaciones... el filete que como, el cigarrillo que fumo, el amor que hago...».[10] La confianza que Gurdjieff tenía en sí mismo, la asertividad de sus reflexiones, todo ello irradiaba hacia mi amigo, que se sentía reconfortado. Quienquiera que oyera hablara a aquel pensador original, que, incapaz de descentrarse de sí mismo, sentía cualquier pregunta como una agresión, se sentía fascinado. Un día, cuando mi amigo se atrevió a plantear una pequeña duda, Gurdjieff se detuvo y, furioso, le gritó: «¡Oye, tú, eres una absoluta mierda!». Éste fue el fin de su amistad, pues la expresión del maestro ya no causaba impresión en el alumno, de modo

---

9. Vernant, J.-P., *Œuvres. Religions, rationalités, politique*, Seuil, París, 2007.

10. Gurdjieff, G. I., *La vie n'est réelle que lorsque «Je suis»*, Éditions du Rocher, Mónaco, 2010. [Trad. cast.: *La vida es real solo cuando «Yo Soy»*, Ganesha, Madrid, 2013].

que ya no era capaz de dirigirlo. La expulsión del grupo de creyentes, aunque le devolviera la libertad de pensamiento, lo devolvió también a su incertidumbre anterior. Obligado a marcharse, echó de menos a su maestro, con su autoridad fortificante, y volvió a sentirse deprimido.

El mero hecho de vivir en grupo permite aprender, sin saber qué se está aprendiendo. No es necesario usar palabras para transmitir el conocimiento. La actitud paraverbal ya orienta la atención. Una imagen, un silencio, la música de palabras, el temblor de la voz, pueden poner de relieve algo no dicho. Cuando se vive en un grupo seguro y estimulante, cuando una señal paraverbal llama la atención sobre un fenómeno, el aprendizaje puede tener lugar sin palabras.

En la clínica neurológica, un pequeño accidente vascular parietal inferior derecho provoca que se ignoren las informaciones provenientes de la mitad izquierda. El paciente, alterado, percibe objetos situados a su izquierda, pero no sabe que los ha visto. Evita los obstáculos que han sido colocados en su lado izquierdo y sigue asegurando que no había ninguno. El neurólogo dibuja la esfera de un reloj y le pide al paciente que la copie: reproduce sólo la parte derecha y descuida todo lo que estaba en la izquierda. Se afeita sólo el lado derecho de la cara, cuyo reflejo estaba a su derecha en el espejo, y deja el pelo del hemisferio izquierdo. Cuando se le pide que lea el verso «Los largos sollozos de los violines de otoño», dice: «... violines de otoño» y afirma que lo ha leído todo. Luego se le pide que complete un rompecabezas con una pelota y un ramo de flores. Tarda veinte minutos en recomponer la parte derecha de la pelota, ignorando las flores y la mitad izquierda de la pelota. Una semana después, sólo tarda diez minutos en volver a hacer el puzle porque recordaba el ejercicio. A continuación, se da la vuelta al puzle para que la otra mitad de la pelota y las flores de la izquierda queden a la derecha. El paciente tarda sólo cuatro minutos en resolver el rompecabezas, que asegura no haber visto nunca.

Pero de no haberlo visto habría tardado veinte minutos. Esta pequeña prueba demuestra que el paciente percibió formas y esquemas de color en su espacio izquierdo sin ser consciente de ello.[11]

---

11. Botez, F.; Botez-Marquard, T. (dir.), *Neuropsychologie clinique et neurologie du comportement*, Presses universitaires de Montréal, Montreal, 1987, págs. 142, 143, 150.

Epidemias y nubes de creencias

¿Es así como se podrían explicar las nubes de creencias que se extienden por las familias, los pueblos y las regiones como los brotes de virus?[1] Como en toda epidemia, algunos miembros del grupo escapan a los canales de contagio y no comparten estas creencias. Pero en conjunto, la bruma se propaga como una comunicación cognitiva porque la cercanía espacial y afectiva facilita el contagio de ideas entre las personas que viven en un entorno en el que la proximidad de gestos, mímicas y racionalizaciones estructura la transmisión de emociones.[2]

Cuando una tragedia nos abruma, no podemos evitar encontrar una explicación que nos haga creer que podemos controlarla. Desde el Neolítico (hace 12.000 años), construimos establos donde encerramos a los animales dóciles para comerlos o hacerlos trabajar. Nos volvemos sedentarios y acumulamos reservas de comida que sirven de refugio a las ratas, sus pulgas y los piojos portadores de bacilos. Así se propagaron las pestes de Justiniano, la de Atenas, la Bubónica y la Negra, documentadas por archiveros, pintores, filósofos, médicos y sacerdotes. Para cada epidemia, se encontró una explicación en el contexto social del conocimiento. Estaba claro que la gente moría de dolorosos ganglios linfáticos enrojecidos, infecciones pulmonares y diarreas mortales, pero en lo que se refiere a las causas, se oponían

---

1. Desde la pandemia de 2020-2021 se habla de grupos de virus.
2. Delage, M., *La Vie des émotions et de l'attachement dans la famille*, Odile Jacob, París, 2013.

los que creían en el cielo y los que creían en la tierra. Los astrónomos aportaron una parte importante de la narrativa cultural. Un tapiz de Bayeux (siglo XII) ilustra cómo la inesperada aparición de un cometa anunció la epidemia de peste negra de 1348, que en dos o tres años mató a uno de cada dos europeos. En 1350, la Facultad de Medicina había descubierto que «la causa remota y principal de esta peste era y es alguna constelación celeste».[3] Jean de Venette, carmelita de la orden mendicante, dijo que «se vio sobre París una estrella muy grande y brillante [...], una estrella formada por exhalaciones y que luego se desvaneció en vapores [...]».[4] Boccaccio, en el *Decamerón* (1370), aporta una valiosa información cuando nos dice que la peste fue enviada a los hombres por «la justa ira de Dios como castigo por sus pecados». La reacción habitual es castigar al culpable, lo que él mismo hace con habilidad. Los flagelantes, con el torso desnudo, recorrían las calles azotando sus espaldas con cordeles llenos de clavos para expiar la culpa de no haber creído lo suficiente en Dios. Algunas órdenes religiosas preferían el cilicio, un paño áspero y espinoso, que llevaban para mortificarse y sentirse aliviados tras expiar su falta imaginaria. Durante las guerras de este período, los soldados entraban en las granjas para saquear, comer y violar cuando se presentaba la oportunidad. Sus desmanes sólo se detuvieron cuando la epidemia había matado a un gran número de soldados. En este ambiente de destrucción del mundo, a los milenaristas no les faltaban argumentos para anunciar el fin del mundo.

Los que creían en el origen terrenal de la epidemia sostenían que se había visto a un judío vertiendo polvos en un pozo justo antes de que se registraran las primeras muertes. En Tou-

---

3. Lannoy, F. de, *Pestes et épidémies au Moyen Âge*, Éditions Ouest-France, 2018, pág. 13.

4. *Ibid.*, págs. 13-14.

louse, en 1348, se encendieron enormes hogueras a las que se arrojaba a los judíos tras atravesarlos con una espada o todavía vivos frente a «los burgueses y el cuerpo de la ciudad».[5] A pesar de este tratamiento, la epidemia se extendía y en 1349, en Ulm, Alemania, también se encendieron hogueras que no dieron mejores resultados. En aquella época, gracias a la práctica de la banca, los judíos gestionaban el dinero de los nobles y del clero. El Papa Clemente VI acudió en su ayuda, pero no pudo ayudarles porque el pueblo los odiaba. Cuando ya era difícil encontrar judíos para quemar, algunas mujeres fueron acusadas de brujería. El clero, diezmado por la peste, no pudo evitar esta epidemia de creencias mortíferas, legitimadas por el habitual fenómeno del chivo expiatorio.

Mientras tanto, los jóvenes celebraban fiestas en medio de las carnicerías. Comían delicadas viandas robadas a los señores, vaciaban sus bodegas, corrían de una taberna a otra para escuchar música, regocijarse, cantar, reír y burlarse.[6] Algunos médicos entendían que el contagio se producía mediante «la palabra» o por compartir la comida con las víctimas de la peste. No se les hizo caso, porque es más fácil y grandioso creer que la tragedia se debe a la aparición de una estrella, a un castigo divino o a un complot judío. El pensamiento perezoso ganó la partida.

---

5. *Ibid.*, pág. 76.
6. *Ibid.*, págs. 73-74, 76-78.

Dejarse llevar por un crimen de masas

Cuando un niño comienza su aventura humana, para él no existe nada trivial. El juego del cucú es un acontecimiento extraordinario. Papá esconde su cara detrás de una servilleta y de repente reaparece gritando «cucú». Es un milagro: está ahí, ya no está ahí, vuelve a estar ahí. Ninguna razón puede explicar tal maravilla, una explicación simple podría incluso terminar con la maravilla. No hay nada más bello que una pompa de jabón, como un pequeño arcoíris, nada más estético que un cordón dorado alrededor de un papel rojo. Cuando los niños llegan a la edad de los relatos, alrededor de los 6-8 años, el mundo es algo evidente para ellos. Ven la lucha de los malos contra los buenos, distinguen entre grandes y pequeños, seres humanos y animales, niños y niñas, mamás y papás. Una visión clara es necesaria para entender y actuar en su mundo, pero es abusiva porque es binaria, sin matices y sin evolución. El niño no sabe que hay otras formas de ver el mundo. Cuando evolucione a través de los azares de la vida y sufra algunas heridas, acabará cambiando de opinión.

Pero cuando ciertos desarrollos hacen imposible la evolución, el niño se embarca en un viaje extremo, o más bien se implica en él, cómplice involuntario de su visión estereotipada. Cuando se crece en un entorno insensible o en un contexto de guerra, la elección se impone. Cuando el mar es plano, esperamos el viento; y cuando la tormenta nos sacude, anhelamos la calma. Así es como vemos a chicos bien educados, asegurados hasta el aturdimiento en familias dedicadas, unirse a un partido extremista, con el que disfrutarán volando en ayuda de los pueblos oprimidos. Las sensaciones extremas adquieren para ellos una función de despertador, la proximidad del peligro les da un sentido de la existencia. Es fácil para un régimen totalitario explotar esta necesidad de vida intensa justificada mediante un proyecto noble: «Sois los caballeros de la más bella causa y de la más bella cruzada», les decía Jean Ybarnégaray, ministro de la Juventud bajo el régimen de Pétain.[1] Aquel simpático pelotari vasco había aceptado su puesto en el gobierno de Vichy porque era anticomunista y antialemán. Pero cuando descubrió los horrores de la colaboración, se unió a la Resistencia y fue deportado a Dachau. Lo que estimulaba a este hombre era la pelota vasca, el anticomunismo y la Resistencia. Así es como se sentía vivo.

Para fabricar un defensor de una ideología totalitaria, es necesario cuidarlo desde la primera infancia, repetirle la única verdad desde sus primeros pasos, en su familia, en la escuela y en el taller. Al no poder concebir ninguna otra cosa, al no poder descubrir ningún mundo distinto, el niño será feliz defendiendo a quienes ama y quienes le enseñan estas bellas creencias. En un entorno sin presión afectiva ni narrativa, el niño vaga sin rumbo, flotando sin dirección propia, llevado por el viento de los que hablan a su alrededor. Cuando no hay una estructura interna, la palabra de los demás es todopoderosa. Un adolescente indeterminado no sabe a dónde va, cambia de dirección al azar de sus encuentros, no tiene libertad interior porque está esperando que alguien se apodere de su alma. En los batallones extremistas, se encuentran codo con codo fanáticos demasiado cultos y almas huecas, respaldados por relatos que se aceptan sin juzgar.

---

1. Giolitto, P., *Histoire de la jeunesse sous Vichy*, Librairie académique Perrin, París, 1991, pág. 438.

Cuando el que así se constituye es un grupo heterogéneo, será necesario señalar un enemigo para unirlo. Todo se aclara cuando se sabe de dónde viene el mal. Tal vez sea aquel vividor que exprime la vida y no puede convertirse en un «caballero de la mejor causa y la más bella cruzada». Tal vez sea el zazú que vive de la música, que se viste con chaquetas largas, se deja crecer el pelo y baila al son de ritmos triviales. Nada que ver con Wagner, las pancartas, los redobles de tambores, los discursos del líder que te enardece y señala al enemigo: los comunistas, los judíos, los masones, las sociedades secretas, los gitanos nómadas, los enfermos mentales, los homosexuales, los eslavos, los españoles, los magrebíes y demás africanos.[2] ¡Qué felicidad tener tantos enemigos! Los que se declaran perseguidos se ven obligados a la solidaridad. Cuando tomamos las armas, cuando nuestros argumentos son extremos, lo hacemos en legítima defensa. El exterminio de los opositores, de los diferentes, da el placer de una victoria moral. La denuncia se convierte en un acto de purificación. «Las dificultades son buenas, empapan las almas y los cuerpos, preparan para un mañana mejor», dijo Pétain en su mensaje a los jóvenes.[3] «No se hace una gran raza sin músculos», decía sin cesar Jean Borotra, el campeón de tenis. «Sed varones», el orden viril del honor se opone al orden femenino.[4] Los comunistas eran enemigos visibles contra los que había que unirse, pero el enemigo ideal era el judío invisible que, con su insistente intelectualismo, impedía la unión de las almas y las fuerzas viriles. Un cartel en las paredes se dirige a los jóvenes: «Joven francés... Pagas hoy por culpas que no son tuyas. Quieres una Francia liberada de la dictadura del dinero,

---

2. Rudefoucauld, A. J., *Les Portes de l'enfer. La répression légale des minorités sous Vichy*, L'Esprit du temps, Burdeos, 2021.

3. Pétain, P., «Message à la jeunesse de France», 29 de diciembre de 1940 (discurso radiofónico).

4. Giolitto, P. *Histoire de la jeunesse sous Vichy*, op. cit., pág. 442.

de los *trusts* y de los especuladores. Ocuparás tu lugar entre los dirigentes si sabes hacerte digno de ello. Lucha con nosotros por la Revolución Nacional».[5] Esta necesidad de ser apoyado y de dar sentido a los propios esfuerzos se convierte en un arma totalitaria cuando una única organización juvenil tiene todo el poder. En 1920, Alemania, arruinada por su derrota y los daños de la guerra, ya no podía ocuparse de sus hijos. Sin escuelas ni proyectos, viviendo en familias pobres y humilladas, los niños divagaban. Cuando Baldur von Schirach fundó las Juventudes Hitlerianas en 1922, la mejora de los jóvenes fue instantánea. Llevaban uniforme, camisas blancas y pañuelos negros para expresar su orgullo de pertenecer a un grupo solidario, fuerte, ferozmente alegre y orientado hacia el ideal de una nueva sociedad. Cantaron en las veladas, leyeron los textos recomendados y los comentaron en grupo. En los campamentos de verano, hacían excursiones cargando con sus mochilas, construían cabañas, encendían hogueras, y los mejores de estos jóvenes eran invitados al congreso del partido en Núremberg. Los chicos soportaban con orgullo la violencia del entrenamiento militar, y las chicas eran alabadas por su belleza, su gracia, el cuidado de sus cuerpos, la simplicidad de sus mentes y su preparación para el matrimonio en el que darían a luz a hermosos hijos rubios destinados a convertirse en héroes. Con un programa así, ¿quién podría ser infeliz?

Yo supe lo que había sido esta felicidad en los años 1950. Los hombres de mi familia que se habían alistado en el Regimiento de Marcha de los Voluntarios Extranjeros habían muerto casi todos. Los jóvenes se unieron a la Resistencia y el resto de mi familia ya estaba en Auschwitz cuando se produjeron las primeras redadas. Cuando mi tío Jacques, el combatiente de la Resistencia, me inscribió en la UJRF, una asociación que preparaba

---

5. *Ibid.*, pág. 459.

para las Juventudes Comunistas, me introdujo en un ambiente que me devolvió la dignidad. No había uniforme, pero hablábamos libremente de la sociedad que íbamos a inventar. Leíamos muchos libros y periódicos que nos proporcionaban temas para debatir, como la explotación del hombre por el hombre y el marxismo dialéctico. Los domingos escalábamos las rocas de Fontainebleau, acampábamos, cantábamos por la noche, íbamos al TNP a ver a Gérard Philipe, forjábamos amistades, nos decían que seríamos los actores de una sociedad futura en la que sólo habría felicidad y justicia. De este modo yo recuperaba la vida que había perdido desde el comienzo de la guerra. ¿Cómo no iba a entusiasmarme este hermoso programa? Para enardecernos, señalábamos a los enemigos: los pequeños burgueses y los capitalistas que fumaban grandes cigarros y se sentaban sobre bolsas de dólares.

En la Alemania de los años 1930, las Juventudes Hitlerianas aportaban felicidad a los niños rubios señalando como enemigos a los que contaminaban la sociedad por no tener las mismas creencias, el mismo color de piel y los mismos relatos. Hoy entiendo que ambos sistemas eran educativos. Los jóvenes, tanto hitlerianos como comunistas, se socializaban escapando de la protección de los padres, que se vuelve asfixiante en la adolescencia. Había que conocer a otros jóvenes, leer, cantar y hacer deporte. Los esfuerzos tenían sentido y valían la pena cuando los rubitos se sentían orgullosos de eliminar a los contaminadores sociales. Los pequeños comunistas estaban contentos de luchar contra los burgueses y capitalistas. Las necesidades básicas están cubiertas. Después de ser fortalecidos por el afecto de sus padres, los jóvenes continúan su desarrollo socializándose en estructuras intermedias entre la familia y la sociedad. La cuestión es: ¿qué tema, qué proyecto, qué sentido van a infundir los dirigentes a estas estructuras intermedias? Algunos proponen la igualdad, la protección de los débiles, el progreso y la lucha contra los explotadores del pueblo. Los jóvenes estarán encantados de acercarse a esa ética. Otros destacarán la purificación de la sociedad, el valor del racismo que elimina a aquellos cuya mera existencia es contaminación, los judíos, los negros, los enfermos mentales, los homosexuales y todos aquellos que impiden la pureza social. Los jóvenes estarán encantados de acercarse a esa ética. En el transcurso del desarrollo normal, es saludable aprovechar el dominio de la madre para ganar autoestima y el placer de explorar el mundo. Durante este delicado período, un joven puede ser fácilmente canalizado desde la influencia materna hacía el control de un educador. Resulta tan benéfico, tan eufórico, que el joven puede renunciar fácilmente a la autonomía.

Pensar por uno mismo requiere una fuerza mental que ayude a mantenerse solo escapando de la influencia de los seres queridos. ¿Se puede renunciar al afecto para defender una idea? Esto es lo que ocurre en un grupo muy unido por una religión sagrada o secular, cuando la más mínima idea personal desvincula y coloca al pensador en la posición de creador, marginal o traidor. Cuando algunos padres alemanes consideraron que su hijo se estaba metiendo demasiado en un relato totalitario, intentaron advertirle, pero él, indignado, fue a la comisaría a denunciar la traición de sus padres.

Cuando el deleite totalitario se apodera de un alma, ésta descubre el placer de odiar. La indignación verbal desencadena el pasaje al acto. Durante las epidemias que matan a miles de inocentes, el descubrimiento de un complot da coherencia a una desgracia sin sentido: «Se ha visto a un judío arrojando polvos a un pozo y unos días después había muertos en el pueblo». La correlación es evidente, ¡se ha encontrado la causa! La indignación conduce a la acción, la quema en la hoguera se convierte en un curso de acción permisible, ¿no es así? «Los ejércitos del capitalismo judío angloamericano están invadiendo Europa. En circunstancias tan dramáticas, la juventud debe asegurar la salvación de la patria [...] exigimos que el mando revolucionario de la juventud se involucre en la defensa de la patria».[6] Es bueno odiar, da valentía y aumenta la posibilidad de victoria. La ira y el odio, que no son de la misma naturaleza, deben combinarse. La ira suele ser provocada por una reacción defensiva que proporciona a los temerosos la fuerza de agredir, mientras que el odio es un sentimiento causado por una representación que no está necesariamente asociada a la realidad. Uno puede odiar por la idea que tiene de otro o por un relato en el que cree: «Me han dicho que los negros quieren violar a nuestras mujeres. No puedo desvincularme de mis amigos o del líder que admiro. Me interesa dejarme envolver por esta justa indignación, es inaceptable que los negros quieran violar a nuestras mujeres. Me produce un placer asombroso estar con quienes sienten el mismo odio que yo. Juntos, codo a codo, en defensa propia, protegemos a nuestras mujeres atacando a los agresores». «¡Me quito el sombrero ante ustedes, señores del KKK! ¡Qué sensación de fuerza se siente cuando se aterroriza a los negros! Qué bello es cuando desfiláis con túnicas blancas y sobreros puntiagudos».[7] El placer de odiar es una triste pasión,[8] es un goce carnicero porque la mera intención de aterrorizar proporciona al que odia un placer físico.[9]

El origen de este curioso placer es a menudo una humillación que legitima el placer de humillar, como una forma de venganza: «A los negros se les dio el derecho al voto sólo para humillar y deshonrar a los blancos en el Sur».[10] ¡Nos sentimos humillados

---

6. *Ibid.*, pág. 469.

7. Randel, W. P., *Le Ku Klux Klan*, Albin Michel, París, 1966, págs. 160-161. [Trad. cast.: *El Ku Klux Klan*, Los Libros de la Catarata, Madrid, 2021].

8. Lenoir, F., *Le Miracle Spinoza. Une philosophie pour éclairer notre vie*, Fayard, París, 2017.

9. Saltel, P., *Une odieuse passion. Analyse philosophique de la haine*, L'Harmattan, París, 2007, pág. 183.

10. Randel, W. P., *Le Ku Klux Klan, op. cit.*, pág. 159.

cuando los negros consiguen el voto! Hoy en día, algunos ingleses se sienten menospreciados por el éxito de los pakistaníes que van bien en la escuela, hacen buenas películas y son elegidos alcalde de Londres. Algunos franceses se irritan porque los magrebíes no se integran bien, pero les mortifica que lo consigan, al igual que algunos hombres se sienten humillados por el éxito de las mujeres. De hecho, todas estas personas se sienten aplastadas cuando ya no pueden dominar ellas mismas. Entonces, el placer de matar puede surgir cuando el contexto cultural lo permite: «Ya en 1941 [...], el odio y el placer se entrelazaron en las palabras y los hechos del Osteinsatz».[11] Padres de familia que se reían de la matanza de judíos frente a la fosa común llena de cal donde caerían después de que un soldado alegre les hubiera disparado en la nuca. Este tipo de asesinato estaba legitimado por el éxito social e intelectual de los judíos. Recuerdo grupos de jóvenes milicianos marchando por las calles de Burdeos y cantando: «Modelemos una juventud ardiente, y nuestros muertos estarán contentos de nosotros».[12] Sentí una sensación de peligro implacable y me sorprendió el placer que estos jóvenes querían dar a sus muertos aterrorizando a la población. El placer de asustar en nombre de una defensa imaginaria lo ilustra bien Jean Genet. Fascinado por la ruina, erotizaba el mal, tanto el dado como el recibido. Se sentía atraído por todos los perseguidos de la tierra, siempre que fueran bellos y peligrosos, como los argelinos del FLN, los Panteras Negras estadounidenses, la banda de los Baader en Alemania, las sectas japonesas y los palestinos. Cuando vio marchar a las milicias nazis, quiso unirse a ellas porque aterrorizaban a la población.[13] Cuando es-

---

11. Ingrao, C., *Croire et détruire*, Fayard, París, 2010, pág. 485.

12. Terrisse, R., *La Milice à Bordeaux. La collaboration en uniforme*, Aubéron, Burdeos, 1999, pág. 30.

13. White, E., *Jean Genet*, Gallimard, París, 1993, pág. 253.

tuvo con los palestinos que escaparon de la masacre del ejército jordano en 1970, se sintió atraído por sus cuerpos jóvenes, por las armas que llevaban y por el olor a muerte que prometían al refugiarse en campos de países árabes. No le interesaban las teorías nazis o comunistas, lo que le excitaba sexualmente era la imagen de un bello muchacho perseguido que tomaba las armas para aterrorizar a su dominador: «[...] su aparente maldición le permitirá todo tipo de audacias».[14] Ser perseguido para legitimar el placer de odiar es una estrategia habitual cuando se quiere dar una apariencia moral al deseo de hacer daño.

Este proceder psicológico tiene miles de años de antigüedad. «En la antigua Roma, no se decía "cultura de la cancelación" sino *damnatio memoriae*»,[15] condena de la memoria, que consistía en borrar todo relato o registro del que no se quiere volver a oír hablar. La Revolución francesa rompió las estatuas de reyes y sacerdotes, la colonización destruyó todo rastro de la civilización de los colonizados, los cristianos iconoclastas de la Edad Media, con su lógica espiritual, destruyeron las imágenes para elevar el pensamiento hacia una representación divina imposible de percibir e incluso prohibida.[16] Y en 2001, los talibanes volaron enormes estatuas de Buda para eliminar todas las representaciones no islámicas de Dios, revelando así sus intenciones totalitarias. Esta cultura de la anulación permite componer un relato único como hipercensura: «No tienes derecho a hablar, no tienes derecho a haber existido. Como eres un esclavista, debes ser amordazado, debes ser borrado de todo recuerdo». Los nazis inventaron una memoria que legitimaba su increíble violencia sin ningún sentimiento. Decían: «Los judíos están conspi-

---

14. Genet, J., *Le Funambule*, en *Œuvres complètes*, Gallimard, París, 1993, tomo V, pág. 253.

15. Morlighem, A., «Effacer l'historique: une tentation millénaire», *Décisions durables*, 48, septiembre-octubre de 2021, págs. 29-34.

16. Besançon A., *L'Image interdite*, Gallimard, col. «Folio», París, 2000.

rando para apoderarse del mundo, los gitanos están parasitando la sociedad con sus robos constantes, los enfermos mentales están costando mucho dinero para mantener la existencia de vidas inútiles, es lógico y saludable eliminarlos. ¿Dónde ve usted un crimen? Esta filosofía de lo bueno y de lo sano legitima su desaparición. No se trata de buscar otra solución, simplemente hay que decir lo que te dicen que digas, si no quieres estar en la posición del enemigo».

A todos esos «canceladores» que quieren borrar la memoria se oponen los que petrifican el pasado. La memoria sana es evolutiva, siempre tiene una intención cuando busca los hechos reales del pasado y los ordena en un relato. Cuando la Shoah hace de la memoria un deber, la convierte en un relato en desuso, como si a los visitantes de Auschwitz se les pidiera un cuestionario de opción múltiple: ¿cuántas personas murieron en Auschwitz? Marque la casilla correspondiente. Uno de cada cuatro jóvenes nunca ha oído hablar de los campos de exterminio y no es peor por ello. Uno de cada cuatro jóvenes sale de ahí conmovido. Y los demás miran con desapego los horrores que se les pidió que vieran, los cuerpos amontonados, los cadáveres que caminan, los niños demacrados, los dientes, el pelo, las gafas apiladas para la venta. Explican tranquilamente que estas atrocidades recuerdan a los animales llevados al matadero, los terremotos o los accidentes de tráfico.

Publicar lo que se desea creer

Es imposible no hablar de la Shoah. Permanecer en silencio es convertirse en cómplice, pero cuando se habla de ello sin cesar, se simplifica la historia, se la convierte en un esquema, un estereotipo que ya no evoca nada, unas palabras que se recitan mientras se piensa en otra cosa. Para despertar la conciencia, hay que crear un problema, plantear una pregunta extraña que sorprenda y desorganice la narración. El pensamiento perezoso articula unas pocas palabras, una afirmación demasiado clara que detiene la reflexión: los alemanes eran bárbaros, mala gente, por eso mataban a los judíos. Está claro, es cierto, nada que añadir.

Durante la guerra, tuve que guardar silencio para no morir. Yo no hablaba de la Shoah ni de campos de exterminio, sólo querían matarme. Controlé la situación manteniendo la boca perfectamente cerrada. A veces encontraba una pista de que otros niños sabían que yo era un fugitivo de la palabra, que debía evitar ciertas palabras y no decir mi nombre para tener derecho a vivir. Cuando estuve escondido en casa de los Monzie, cerca de Burdeos, su hijo, que tenía mi edad, no dijo ni una sola palabra. Cuando iba al colegio, sus compañeros le preguntaban por qué a veces se veían las cortinas moverse en su casa, y él decía que no había nadie. Todos estos los niños lo sabían, ninguno de ellos denunció. Hace poco me enteré de que un Justo que me protegió escondiéndome en Castillon había recibido una citación de la prefectura, ordenándole que me acompañara a la comisaría para que pudiera reunirme con mi madre. La carta no mencionaba que ella estaba en Auschwitz.

Tras la guerra, la alegría popular destacó el valor de los resistentes que devolvieron la dignidad al pueblo francés humillado por la derrota de 1940 y avergonzado por su colaboración con el nazismo. Las conversaciones a mi alrededor sólo hablaban de cartillas de racionamiento para comer un poco, de la vuelta de la mantequilla, prueba de la abundancia y del placer de vivir. Los comunistas triunfantes pedían a los trabajadores que hicieran horas extras y que trabajaran gratis los domingos. Estaban reconstruyendo Francia, lo que daba a su trabajo un sentido glorioso. Todo era alegre y generoso a pesar de la extrema pobreza de una Francia arruinada. En aquel contexto, mi testimonio daba pena. Me avergonzaba no tener padres como los demás niños, me sentía menos que ellos. Nunca podría haber admitido que alguien hubiera querido matarme. Un día se me escapó, un poco, sólo unas pocas palabras: «Estuve preso, pero me escapé»; ¡los adultos estallaron de risa!

En los años 1980, la cultura francesa finalmente se atrevió a investigar la colaboración del gobierno de Vichy con el nazismo. Michel Slitinsky, profesor de historia, explicaba en la revista *Historia* la vida de mi padre: «El valiente soldado Cyrulnik fue herido en Soissons»,[1] en la Legión Extranjera. Fue detenido en el hospital de Burdeos por la policía del país por el que había luchado. Una enfermera del centro médico-social donde trabajaba, la señora Richard, había leído el artículo y me preguntó por él. A partir de aquel día, ya no me fue posible no hablar de mi curiosa infancia. La cultura acababa de cambiar. La película *Shoah* de Claude Lanzmann y, sobre todo, el juicio contra Maurice Papon sacaron a la luz pública lo que se había ocultado. La denegación característica de la cultura francesa de posguerra se convirtió en el centro de interés y a veces incluso de una morbosidad obsesiva: «Un niño solo... ¿fuiste violado a menudo?».

---

1. Slitinsky, M., *L'Affaire Papon*, Alain Moreau, París, 1983.

La memoria es intencionada, cada persona busca en el pasado hechos reales que confirmen su forma de ver el mundo. Algunos cuentan que, durante la ocupación alemana, fueron perseguidos por ser zazús. Su pelo largo, sus chaquetas de gran tamaño, sus zapatos de dos tonos y su amor por el jazz los llevaron a la cárcel, donde fueron maltratados con preguntas despectivas y a veces con palizas. Un memorando de la Gestapo (5 de junio de 1942) expresaba su preocupación por las expresiones de simpatía hacia los judíos: «[...] Los círculos gaullistas y comunistas están haciendo una propaganda masiva para provocar disturbios [...] todos los judíos, provistos de estrella de David, deberán ser saludados [...]. En lugar de la inscripción "judío", debe utilizarse el nombre de una provincia francesa». Tal delito, según la Gestapo, merece ser reprimido: «[...] Debemos reprimir sin miramientos [...] detener a todos los portadores de falsas estrellas judías y castigarlos de acuerdo con su delito».[2] Los hechos tienen sentido en su contexto. Cuando, durante la guerra, un no judío se cosía una estrella amarilla en el pecho con la inscripción «Auvergnat»[3] en lugar de «Juif», señalaba que defendía a los judíos y se oponía a la Gestapo. Era golpeado, encarcelado y a veces deportado. Hoy, cuando un manifestante cose una estrella de David y escribe en ella «Antipass»,[4] quiere decir que, para él, el gobierno es equivalente a la Gestapo y que él, el manifestante, está siendo tan cruelmente castigado como un judío en 1942. Comparación indecente donde las haya.

Cuando hablamos de aquella época, evocamos el fanatismo nazi, las redadas de multitudes desarmadas que hacen cola para entrar en los vagones, las pilas de cadáveres demacrados.

---

2. Rajsfus, M., *Opération Étoile jaune*, Le Cherche Midi, París, 2012, pág. 78.

3. N. del T.: gentilicio de Auvergne.

4. N. del T.: consigna contraria a la obligatoriedad del certificado de vacunación de la covid-19 que se difundió en manifestaciones y redes sociales en Francia.

El horror se ha convertido en una representación estereotipada. Durante la misma época, sin embargo, había una hermosa Alemania de filósofos, de científicos, escritores y músicos que amaban la música clásica tanto como el jazz. El judío Benny Goodman, el negro Lionel Hampton, el gitano Django Reinhardt, el emigrado Aimé Barelli, todos eran adorados. Cuando los alemanes felicitaron a Jesse Owens por sus cuatro medallas en los Juegos Olímpicos de Berlín de 1936, fueron menos racistas que los estadounidenses, que habían enviado a este atleta negro a los Juegos para que les representara.

En una misma población, en la misma cultura, al mismo tiempo, una corriente extática arrastra a los fanáticos, mientras que otros, discretos y libres, no se dejan llevar. ¿Cuál es la razón de estas trayectorias divergentes? ¿Cómo podemos explicar estas orientaciones distintas? Unos están contentos de someterse a una idea que no controlan pero que los revaloriza, mientras que otros prefieren tomar algo de distancia para juzgar el acontecimiento y preservar su libertad interior. Los jóvenes van a la guerra por obligación, por vocación o por estafa cultural. Los adolescentes están en una edad en la que se inflaman fácilmente. Cuando aparece el deseo sexual, una fuerza interior les empuja a abandonar su familia. Se avergüenzan de quedarse con su madre, con quien todavía se sienten pequeños, y anhelan la autoestima que les invite a marcharse. Así que buscan a su alrededor la institución que pueda ayudarles a salir del dominio de influencia de la familia para continuar su desarrollo. Cuando el país está en paz, la universidad, la fábrica, el grupo de amigos o la mejor amiga ofrecen una etapa intermedia hacia la autonomía psicológica y la independencia social. Pero cuando el país está en guerra o atraviesa un desorden social, el ejército, el ingreso en un grupo extremista o el tráfico ilegal ofrecen un señuelo de liberación. «Sin que mi madre lo supiera, me fui como voluntario (tenía 14 años, con mi mejor amigo del colegio). Llegamos a la retaguardia y allí no querían quedarse con nosotros, dada nuestra edad [...] el capitán nos envió a la cocina a pelar patatas».[5] El proceso de maduración toma diferentes caminos. Cuando un joven se cruza con un capitán no fanático, lo envían a pelar patatas, pero en el transcurso de su huida puede tropezar con un adulto sin escrúpulos que le pone un cinturón de explosivos en la cintura para imponer una teoría que desconoce. La mayoría de los niños explotados hasta la muerte proceden de barrios pobres sin instituciones intermedias. Hay menos salidas extremas en los barrios mejores, donde el joven se une generosamente a una ONG, o a un club deportivo o artístico.

En tiempos de guerra, las obligaciones proceden de los que mandan: «En agosto de 1944, el jefe de las Juventudes Hitlerianas, Artur Axmann, hizo un llamamiento a los chicos nacidos en 1928 para que se alistaran en la Wehrmacht... en seis meses el 70% de este grupo de edad se había alistado voluntariamente».[6] ¿Realmente se habían inscrito voluntariamente? ¿O es que se habían dejado llevar por un fenómeno de masas en el que es difícil no seguir a aquellos con quienes se está vinculado? Más adelante se encuentran palabras para dar una apariencia racional a un sentimiento que no viene de ninguna parte y que, sin embargo, es percibido como una evidencia. El 9 de mayo de 1945, día de la «capitulación», fue el más oscuro de la historia alemana. Algunos jóvenes pensaron: «La guerra ha terminado, la paz volverá». Pero muy pocos dijeron: «Nosotros provocamos la Segunda Guerra Mundial, es justo que la cultura nazi sea destruida». Wilhelm, al terminar su escuela secundaria en Bremerhaven, escribió: «[...] Nos vemos obligados a abando-

---

5. Pignot, M. (ed.), *L'Enfant soldat. XIXe-XXIe siècle*, Armand Colin, París, 2012, págs. 74-75.

6. *Ibid.*, pág. 92.

nar las armas tras casi seis años de cerco».[7] Decir que uno es perseguido y asediado legitima la violencia y evita la culpa. Los padres de Liselotte eran más bien antinazis. Cuando descubrieron el genocidio judío, quisieron explicárselo a su hija, que no podía soportar este relato. Estaba tan entusiasmada con la defensa de la Alemania nazi que cuando su hermano menor fue enviado a la guerra contra los rusos dijo: «Estoy dispuesta a sacrificarlo».[8] El culto a la abnegación era maravilloso, ¿por qué iban a querer abrir los ojos?

Es muy ventajoso negarse a ver y aceptar sin pensar lo que te piden que creas. La servidumbre voluntaria conduce a la certeza voluntaria. Para lograr esta comodidad sólo hay que estar rodeado de personas que articulen las mismas palabras que tú. Cuando yo era adolescente, sólo salía con amigos que leían los mismos periódicos que yo. Debatíamos los mismos temas, la guerra de Vietnam, la independencia de Argelia, la cultura de izquierdas, Bertolt Brecht, el Acorazado Potemkin, los libros de Aragon y André Stil, los cuadros de Fernand Léger bastaron para llenar nuestras salidas y nuestros encuentros amistosos. Hablábamos el mismo idioma, compartíamos los mismos espectáculos, forjábamos lazos de amistad. Así es como, de la manera más sincera, socializamos nuestras almas. Entre nosotros y afinando nuestros argumentos, nuestras ideas eran cada vez más claras. Hoy en día, creo que estas ideas claras nos impedían ver dejando todos los demás pensamientos en la sombra. La tendencia al gregarismo intelectual nos daba una sensación de fuerza. Nos indignaba que alguien pudiera ver el mundo de otra manera. Mientras comentábamos incesantemente al maravilloso Aragon, al soporífero André Stil, no sabíamos nada del arrogante Charles Maurras. La socialización de nuestras almas,

---

7. *Ibid.*, pág. 93.
8. *Ibid.*, pág. 103.

creando islotes intelectuales, nos integró en grupos amigos que despreciaban y odiaban a quienes no leían nuestros libros. Llevábamos signos de reconocimiento en nuestros cuerpos, sin siquiera darnos cuenta: la misma ropa, el mismo corte de pelo, las mismas rutinas verbales. De esta manera organizamos una pequeña comunidad, una red social afectiva e intelectual donde algunos se orientaban hacia una filosofía materialista, mientras que otros soñaban con ser científicos o artistas. Nadie quería ser comerciante o «pequeño burgués». Estas categorías eran obviamente abusivas; la filosofía puede dar una apariencia racional al deseo de creer, y el método científico no impide el pensamiento mágico.

Recuerdo a aquel excelente neurobiólogo que, con Henri Laborit, publicó un trabajo en el que los autores explicaban cómo un grillo aislado se volvía azul e inmóvil, mientras que los mismos insectos en grupo se volvían rojos, estaban constantemente activos y eran más resistentes al envenenamiento por lindano.[9] Este sencillo y riguroso trabajo científico demostró, hace cuarenta años, cómo cambiaba el metabolismo íntimo de la dopamina que influía en el color y en el movimiento cuando cambiaba el entorno. El mismo gran científico sostenía que nuestro futuro psicológico y nuestro destino social estaban regidos por las estrellas.[10] Sus trabajos científicos pioneros se ven ahora plenamente confirmados por las investigaciones neurobiológicas que muestran cómo la estructura del entorno (climático o poblacional) modifica la expresión de los genes, la secreción de neurotransmisores y el comportamiento. Pero el determinismo astral del destino de los gemelos aún no ha sido confirmado

---

9. Fuzeau-Braesch, S. (ed.), *Contribution à l'étude neurochimique de la variation d'octopamine chez Locusta migratoria*, tesis doctoral, Université Paris-Sud, 1983.

10. Fuzeau-Braesch, S., *Astrologie: la preuve par deux*, Robert Laffont, París, 1992.

a pesar de las numerosas publicaciones. Cada autor publica lo que quiere creer[11] sin someter sus ideas a la verificación científica o a la validación clínica.

---

11. Ripoll, T., *Pourquoi croit-on?*, Éditions Sciences Humaines, París, 2020, pág. 13.

Dudar para evolucionar

La duda es necesaria para explorar. La certeza detiene el pensamiento y hace del relato una rutina. Por supuesto, para pasar al acto y entablar una relación, tiene que haber un momento de certeza. Las personas obsesivas que dudan de todo ya no pueden actuar. Se pasan el tiempo comprobando, contando sus pasos, limpiando los pomos de las puertas. Inician un gesto y lo detienen inmediatamente porque dudan del gesto. Para participar en la vida, necesitamos tener algunas certezas, pero deben ser evolutivas, de modo que estemos preparados para cambiar cuando el contexto cambie. Entonces experimentamos el placer del descubrimiento y el asombro de ver un mundo que ya no es como creíamos que era: «Veo las cosas de otra manera», dicen los que saben evolucionar. El placer de dudar no es pues un relativismo, una indiferencia. No vale todo, algunas decisiones son mejores que otras, dependiendo del contexto. Cuando la relación evoluciona, o cuando la estructura social cambia, las decisiones a tomar ya no son las mismas. La duda facilita la innovación, el matiz no es pereza intelectual, es flexibilidad mental, apertura a otra posibilidad, exploración de otro planeta mental.

Algunas de las personas que describí al principio de este libro, como Alfred Adler, Viktor Frankl o Hannah Arendt, habían adquirido una facilidad para el cambio en el curso de su desarrollo. Aceptaron la idea de no ver las cosas como antes. Otros, como Rudolf Höss o Josef Mengele, experimentaron el placer de las certezas inquebrantables que sólo pueden confirmar la premisa fundamental. Buscaron maestros de pensamiento que les dieran la fe, desde el principio, como una revelación en la que no hay nada que verificar y nada que confrontar con la realidad. La creencia les hizo estar tan seguros de sí mismos que escalaron fácilmente en su sociedad, tomaron el poder e impusieron sus valores, sin matices posibles. Cuando la verdad está sola, es innegociable.

Louis Darquier, a pesar de un nacimiento prematuro a los seis meses y medio, se puso al día y se convirtió en un excelente estudiante. Se le describe como «orgulloso, pretencioso, imbuido de sí mismo. Para oponerse mejor a su padre, radical-socialista, cae en los excesos de Hitler», hasta tal punto que fue apodado «el loro de Hitler».[12] ¿Qué placer puede obtener uno al convertirse en un loro intelectual? Recitar juntos erotiza la certeza, mientras que pensar solos erotiza la duda. No son formas iguales de socializar, lo que explica las guerras de creencias. Los que erotizan la certeza se sienten bien juntos, seguros de sí mismos, reforzados por las consignas coreadas como uno solo por el coro de loros. Mientras que los que erotizan la duda experimentan el placer del pensamiento evolutivo, pero a menudo se encuentran solos. La palabra «erotización» es adecuada cuando Freud se refiere a la libido como una energía asociada a la actividad intelectual. Se puede amar la vida en actividades corrientes como la jardinería o la cocina, pero también se puede amar la muerte cuando la libido, asociada a esta representación, crea un sentimiento intenso, agradable de experimentar. Si no me creen, observen cómo los jóvenes se sienten eufóricos después de arriesgarse, cómo los antiguos combatientes se unen afectuosamente en la victoria o la derrota, cómo los aficionados a las corridas de toros experimentan un sentimiento de gran belleza cuando un hombre delgado y elegante, vestido de oro y

---

12. Callil, C., *Bad Faith: A Story of Family and Fatherland*, Jonathan Cape, Londres, 2006, pág. 15 y pág. 82.

seda, clava su espada entre los omóplatos de un animal admirado por su ardor, su poder y sus mortíferos cuernos. Así es como el odio combina la estética con la muerte para llevar a cabo un crimen de lenguaje.[13] Charles Maurras es un virtuoso de las palabras que otorgan encanto a la muerte, el odio y la belleza. Él, que había creído que Auschwitz era un rumor de judíos que no dejaban de quejarse, escribió en su prisión en 1951: «¡Oh, Auschwitz! ¡Oh, Dachau! ¡Oh, Buchenwald! ¡Oh, Mauthausen! ¡Oh, Ravensbrück! Vuestros crematorios siguen echando humo».[14] Es curiosa esta forma de fetichizar las palabras: el amuleto verbal, adorado como un objeto mágico, impide ver la realidad. Cuando se escribe «Oh, Auschwitz», la ampulosidad de la expresión permite eludir la referencia al montón de cadáveres putrefactos amontonados en el suelo antes de desaparecer en forma de humo. Cuando se escribe «Oh, mujer», el énfasis poético ayuda a evitar la evocación de la vagina que se desea penetrar. Las palabras, constantemente repetidas en formulaciones rítmicas, impiden la elaboración automatizando el trabajo del pensamiento.[15] Así es como la certeza conduce al dominio. Para asegurar la paternidad, la sociedad exige que la mujer sea virgen el día de la boda. La membrana vaginal se convierte en la prueba biológica de que el marido será el padre de los hijos que vendrán. Hoy en día, es el ADN el que confirma la paternidad o más bien designa al genitor. Los cuatro mil hombres que cada año son «condenados a ser padres» nunca lo serán. Cuando el ADN reconoce que el niño es el resultado de un contrato sexual, es correcto que el hombre pague, pero no tendrá un sentimiento

---

13. Sanos, S., *The Aesthetics of Hate. Far-Right Intellectuals, Antisemitism and Gender in 1930s France*, Stanford University Press, Stanford, 2012.

14. Giocanti, S., *Maurras. Le chaos et l'ordre*, Flammarion, París, 2008, pág. 482.

15. Gutton, P., «Transaction fétichique à l'adolescence», *Adolescence*, 1 (1), 1983, págs. 107-125.

de paternidad, no se sentirá responsable del niño, nunca se encariñará con él.

El misterioso poder de las palabras: cuando una mujer le dice a su amante: «Llevo quince días de retraso y noto cómo se me hinchan los pechos», está dando forma verbal a las señales de su cuerpo que anuncian la maternidad. En las palabras de su mujer, el hombre se entera de que va a ser padre, y en los relatos sociales descubrirá cómo serlo de la forma adecuada. Según la cultura, será el cabeza de familia que representa al Estado en su hogar, será un soldado dispuesto a morir para defender a su mujer y a sus hijos, será un obrero que trabaja de diez a quince horas diarias para ganarse el pan con el sudor de su frente, será un tirano doméstico porque un hombre tiene que hacer valer su virilidad, o será un padre joven dispuesto a convertirse en el ayudante de la madre. Ese rol familiar, dictado por los relatos sociales, adquiere un valor moral íntimamente sentido: debo ser el cabeza de familia, un soldado, un trabajador o un padre gallina. Cualquier duda provocaría incomodidad, vergüenza y despersonalización al invitar al hombre a no ajustarse a las prescripciones culturales. Para estar a gusto con uno mismo y con las normas sociales, es tentador someterse al dominio de las palabras. Para ser padre y sentirte orgulloso de serlo, debes sacrificarte en el campo del honor o en la fábrica, tu mujer debe haber sido virgen y dedicada al hogar, así reinará el orden.

Escuela y valores morales

Pero cuando el *ethos* cambia, cuando la realización personal se convierte en un valor moral superior al orden social, la observación de la virginidad pierde su significado y se convierte en una humillación para la mujer, que se ve reducida a la función de portadora de los hijos de su marido. El hombre joven ya no está orgulloso de trabajar quince horas al día y de dar todo su sueldo a su mujer para que vaya al mercado y cocine. Se siente engañado, obstaculizado en su aventura personal. Cuando el paradigma (la palabra-tipo que da inicio a la cadena de palabras y teorías) cambia, la jerarquía de valores cambia al mismo tiempo. La virginidad ya no vale mucho, el orgullo de ser un hombre que sufre en el fondo de la mina adquiere ahora el significado de una tortura innecesaria. Sin embargo, así es como funcionaban la mayoría de las parejas en la era industrial: la mujer estaba encadenada y el hombre era heroico, cada uno estaba orgulloso de su papel social.

La industria se ha hundido, los obreros han desaparecido, los campesinos se han convertido en técnicos solitarios. Ya no fabricamos lo social con nuestros cuerpos, las mujeres con sus vientres, los hombres con sus brazos; ocupamos nuestro lugar en el grupo con nuestros diplomas y el arte de la relación. La separación sexual de los roles sociales ya no tiene sentido. En nuestra sociedad estructurada por la escuela y la tecnología, las mujeres pueden hacer todo lo que los hombres pueden hacer, en gran medida tan bien o mejor que ellos. Pero los hombres no pueden hacer todo lo que hacen las mujeres. Hasta que se desarrolle un útero artificial eficaz, el cuerpo de la mujer es el único que puede tener hijos. En este nuevo contexto, un nuevo *ethos* sitúa a los hombres en la posición de cuidadores de la madre. También se podría prohibir a las mujeres tener hijos, como se hizo en China durante la ley del hijo único, y como se está haciendo hoy en día con la caída de la natalidad mundial en la que es moral no tener hijos.

Las culturas cambian constantemente sus certezas. Ya no es una alegría llevar a un niño al mundo para que vaya a la guerra o a la fábrica. Ahora es un comportamiento ético «realizarse» y participar en el desarrollo del cónyuge y de los hijos. En la época en que la existencia valoraba las cualidades guerreras y el triunfo social, lo que importaba era la victoria, no la verdad. En una guerra de creencias, estamos dispuestos a morir para que nuestra fe venza sobre el descreído. No buscamos saber si nuestra convicción apunta a un segmento de la realidad, lo que cuenta es la victoria. Cuando somos derrotados, nos callamos para no morir. Ésta es la paz de los marranos que practicaban los judíos españoles. Convertidos por la fuerza al cristianismo, practicaban su religión en secreto, como los cristianos chinos que, amenazados de muerte, colocan una estatua de Buda en un altar familiar y la ponen boca abajo para ver aparecer un crucifijo o una Virgen con el Niño. Me callo para no morir, pero no tendréis mi conciencia, no habéis ganado la guerra, piensan los marranos en silencio. La certeza conduce a la brutalidad relacional, ya que hay que tener mala fe para no creer en lo que yo creo, dice el creyente absoluto que nunca duda.

Por otra parte, la duda extrema, la duda obsesiva, impide la fluidez de la acción y el compromiso en la vida cotidiana. Si tomo la decisión equivocada, seré culpable de las desafortunadas consecuencias, así que dudo, deambulo y no me decido. Afortunadamente, me apaciguo cuando alguien decide por mí. Pierdo mi libertad interior, pero ya no sufro de indecisión. Así es como podemos amar la servidumbre que nos libera de la angustia de la elección. El peligro de la sumisión feliz, de la pérdida tranquilizadora de la libertad, es que uno ve un mundo cada vez más claro, pues ya no tiene que dudar. «Ahora sé a dónde ir», dice el hombre a quien sus dudas lo habían torturado. Surge entonces el sesgo de confirmación,[1] un argumento cada vez mejor para defender una visión del mundo basada en un postulado que nunca ha sido probado. No hay que ser paranoico para pensar así. Cuando se nos ha sensibilizado ante un problema durante nuestro desarrollo, como la precariedad social, el estrés inscribe en nuestra memoria una sensibilidad duradera ante esta cuestión. Cuando hemos sido abandonados o violados, adquirimos una capacidad especial para percibir información sobre la violación o el abandono. El mundo se vuelve cada vez más claro y se tematiza en función de las señales a las que nos hemos vuelto sensibles. Lo que resulta obvio para nosotros no lo es para quienes han sido bien atendidos y nunca han sido violados. Sólo confirmamos lo que nos resulta sensible. Esta evidencia nos separa de aquellos que, habiendo vivido otro desarrollo, perciben otro mundo. La certeza y la excesiva claridad nos impiden evolucionar y descubrir otras verdades. Sólo nos sentimos bien con quienes ven el mismo mundo que nosotros. Por eso nos integramos en una red social, un grupo unido en torno a un relato que induce una sensación de familiaridad. Al describir un mundo del mismo tipo, nos sentimos cercanos, mientras que un mundo diferente nos pone en alerta. Pero cuando el exceso de proximidad cierra al grupo, la barricada refuerza el amor a lo Mismo y el odio a lo Otro. Se vuelve normal desconfiar, despreciar, agredir y, si es necesario, eliminar a los que son diferentes.

La historia es un producto peligroso, ya que todos podemos buscar en nuestro pasado razones para hacer la guerra. Los ára-

---

1. Bronner, G., *La Démocratie des crédules*, PUF, París, 2013.

bes tendrán que vengarse de los cruzados y los colonialistas, los protestantes matarán a los católicos, los judíos se rebelarán contra los países de acogida y las mujeres expulsarán a los hombres del planeta. Entonces la justicia prevalecerá, ¿no? Las historias familiares y los mitos de grupo tienen un efecto aglutinante que refuerza la identidad de los miembros de estas colectividades. Pero cuando un relato impone su visión única del mundo, quienes lo aceptan como creencia religiosa, ideológica o científica acceden a un mundo claro que los no creyentes desacreditan. Quienes no puedan creer en estos relatos tendrán que callarse, huir, o convertirse en «marranos». «Algunas personas tenían miedo», explica Annette Wieviorka cuando cuenta su época en la China de Mao. «Debían recordar la gorra de piel de burro que llevaban durante los tres primeros años de la Revolución Cultural... Entre 1966 y 1969, no tenían ningún deseo [...] de ser acusados de tener un gusto pervertido por la cultura burguesa [...] así que nunca dejaban de introducir en sus textos un "Viva el presidente Mao" o "Viva el Partido Comunista Chino"».[2] Durante la Segunda Guerra Mundial, también en Francia era necesario decir algunas frases de elogio hacia el Mariscal o hacia las partes beligerantes. En las publicaciones científicas, había que deslizar una referencia a la higiene racial para que el artículo fuera aceptado por el comité de lectura. Estas palabras estereotipadas funcionaban como una contraseña que permitía seguir adelante. Así es como se podía pasar por los controles militares: cuando un centinela apuntaba con su arma, había que decir «Francia» o «Muguet» o cualquier otra palabra para evitar que los soldados te detuvieran. «En las discusiones y ejecutivas del Instituto [...], siempre nos hacíamos pasar por técnicos de la lengua».[3] Así es como el psitacismo, el acto de articular palabras consensuadas

---

2. Wieviorka, A., *Mes années chinoises*, Stock, París, 2021, pág. 69.
3. *Ibid.*, pág. 70.

cuyo significado se ha perdido, adquiere una función socializadora. Basta con articular estas palabras para poder participar en la sociedad, pero cuidado con los que no las pronuncian: serán detenidos, reeducados, deportados o fusilados. El lenguaje totalitario permite vivir en paz, pero ha perdido su función de pensamiento. Cuando, unos años más tarde, Annette releyó las cartas que envió a sus padres, se quedó atónita al ver que sólo hablaban del tiempo. «Vuelven las mismas frases, como estribillos... Cada vez tengo menos que decir... cuanto más larga es la estancia más vacía está mi cabeza».[4] Nos sometemos al psitacismo por miedo a ser rechazados por el grupo o por la sociedad, cuando basta con decir unas cuantas contraseñas, cuyo significado es irrelevante, para reforzar el sentimiento de pertenencia que tanto necesitamos: «Tigre de papel, lucha de clases, judío rico, ladrón árabe, negro música fútbol...». Unos pocos fonemas bastan para tejer un vínculo de pertenencia, nos reconocemos, nos sentimos bien. La función afectiva de las palabras puede jugarnos una mala pasada cuando un dictador las utiliza para clonar almas.

Hannah Arendt nunca se dejó atrapar por las contraseñas. Cuando la criticaron por no amar al pueblo judío porque señaló la colaboración de algunos judíos en los guetos, respondió: «Nunca en mi vida he "amado" a ningún pueblo, ni a ninguna comunidad, ni al pueblo alemán, ni al francés, ni al americano, ni a la clase obrera, ni nada de eso. Yo "sólo" quiero a mis amigos, y el único tipo de amor que conozco y en el que creo es el amor a las personas.[5]» Hannah Arendt no se sometió a una representación heterogénea del «pueblo judío», sino que aceptó amar a una persona independientemente de su religión o esta-

---

4. *Ibid.*, pág. 70.

5. Diálogo epistolar de Hannah Arendt con Gershom Scholem, en G. Scholem, *Fidélité et utopie. Essais sur le judaïsme contemporain*, Calmann-Lévy, 1994, págs. 217-220.

tus social. Una entidad que lo abarca todo lleva a una reducción excesivamente explicativa, mientras que conocer, amar y pelearse con una persona diferente a todas las demás lleva a matizar. «Yo amaba a Heidegger, odiaba su participación en el nazismo, pero después de la guerra sigo admirando su filosofía. Así que voy a hacer que lo traduzcan en Estados Unidos», podría haber dicho Hannah Arendt cuando lo volvió a ver después de la Liberación. ¿Es esta actitud la que ella llamaba «libertad interior» o es un conocimiento de labrador el de esta filósofa-campesina, cuando decía que sólo amaba lo que conocía? Una forma de conocer con el cuerpo, de sentir, de experimentar y de ponerse a prueba en la existencia. Este conocimiento de la tierra es diferente del conocimiento del intelectual que se aísla de la realidad sensible para formarse una representación coherente de una entidad invisible como «el judío» o cualquier otra abstracción incorpórea.

Elegir nuestros pensamientos

«Podemos elegir cómo pensamos y cómo actuamos».[1] Viktor Frankl, que fue un cadáver ambulante en Auschwitz, donde perdió a su padre, su madre, su mujer y su hijo, encarna la libertad interior. Cuando volvió a la vida después de la liberación de los campos (1945), decidió qué hacer: «Necesito entender lo que ha pasado para dar sentido a mi vida».[2] Mi vida no volverá a ser la misma, la viviré de forma diferente: «[...] Como si una viviera una segunda vez».[3] Al leer esta frase, un recuerdo de la infancia surgió en mi conciencia. Cuando al fin cayó la Bolsa de Royan, donde resistía el ejército alemán en 1944, cuando explotó la bomba en Hiroshima y oía a mi alrededor: «Ya está, ahora la guerra ha terminado de verdad», de repente me sentí autorizado a vivir de nuevo. Antes de eso no estaba seguro, esperaba la vida con una esperanza silenciosa. Pero después de la Liberación recuerdo que pensé: «Has sido indultado, una nueva existencia después de esperar la muerte, pero si ahora quieres vivir, debes entender lo que pasó». Por supuesto, a la edad de siete años seguramente no pensaba con estas palabras con las que hoy escribo, pero recuerdo que la expresión «me permiten vivir» y «debo entender» ya estaban en mi arsenal intelectual. Cuando volví a ver a la Sra. Descoubès en Burdeos, en 1983, me dijo que tras mi huida yo decía constantemente: «Un día como

---

1. Guignard, S., *Je choisis donc je suis*, Flammarion, París, 2021, pág. 268.
2. Frankl, V. E., *Le Sens de ma vie*, Dunod, París, 2019.
3. Frankl, V. E., *Recollections: An Autobiography*, Basic Books, Nueva York, 2000, pág. 124.

éste, nunca lo olvidaré». La memoria traumática está constituida, por tanto, por un centro preciso, hasta el último detalle, una hipermemoria concentrada, rodeada de una vaguedad, una confusión de los sentidos que no deja memoria alguna.[4] Recuerdo el cuerpo de la Sra. Blanché muriendo encima de mí, pero no recuerdo su sangre en la que me ahogaba.

¿Cómo puede uno volver a la vida con semejante representación de sí mismo en la memoria, clara en el centro del trauma y oscura alrededor? Cuando uno permanece prisionero de un trauma, cuando la memoria congelada no puede dejar de ver la imagen del horror, de la muerte inminente, de la estupefacción psíquica, la vida no puede reanudarse. Uno sigue sometido a la repetición del horror, lo siente durante el día, lo vuelve a ver por la noche, ya no puede amar, trabajar o pensar, sólo puede sufrir «como si acabara de pasar». Los que vuelven a la vida deciden comprender lo sucedido para reconstruir una nueva existencia. Comprender es cambiar la representación del trauma añadiendo otra fuente de memoria. Al recuerdo del horror, se añade el recuerdo de lo que se ha comprendido.

Antes de la guerra, Viktor Frankl había sido expulsado de la Sociedad Adleriana porque había criticado sus teorías excesivas. Había dado una serie de conferencias en Viena, Berlín, Praga y Budapest, esas bellas ciudades centroeuropeas. Así conoció a Otto Pötzl, el profesor de neuropsiquiatría que acababa de suceder a Wagner-Jauregg en Viena. Había una filiación intelectual entre estos dos hombres. Wagner-Jauregg había descubierto que inyectar malaria a los enfermos de neurosífilis aliviaba los síntomas neurológicos, por lo que recibió el Premio Nobel en 1927. También descubrió que la adición de yodo a la sal de cocina bastaba para hacer desaparecer los enormes bo-

---

4. Eustache, F. (ed.), *La Mémoire, entre sciences et société*, Le Pommier, París, 2019, págs. 156-158.

cios de los amablemente llamados «cretinos de los Alpes». De acuerdo con su visión jerárquica del ser humano, propuso la esterilización de los seres inferiores, lo que le valió la simpatía de los nazis. Entonces se casó con una mujer judía a la que consideraba una mujer superior. Otto Pötzl, que le había sucedido en la cátedra de neuropsiquiatría, era un hombre afable al que le gustaba transmitir sus conocimientos. Se había interesado por el joven y brillante estudiante judío Viktor Frankl. El afecto entre el profesor y su alumno era tal, que el joven Viktor lo consideró inmediatamente como su «amigo paternal».[5] En 1930, el amable profesor se unió al partido nazi, que empezaba a expandirse. Sentía gran estima y respeto por sus alumnos judíos, a pesar de su cercanía a las ideas nazis. El profesor Pötzl llevaba la esvástica en la solapa de su chaqueta cuando se ocupaba del traslado a neurocirugía de pacientes judíos enfermos de tumores cerebrales y cuando ayudó a Viktor, su alumno y ahora jefe del servicio, a aumentar el número de camas para tratar a los judíos que ya no eran aceptados en los hospitales públicos.

Viktor pasó tres años en cuatro campos: Theresienstadt, Auschwitz, Kaufering y Turkheim. Es increíble que no muriera. Sus pies, hinchados por un edema carencial, congelados y despellejados, apenas podían caminar. Contemplaba su propia muerte con cierto interés, una «distancia de sí mismo» en la que se veía a sí mismo explicando en una conferencia imaginaria cómo se muere en Auschwitz.[6] Muy interesante, ¿no? El placer de comprender cómo moría le hacía sufrir menos. Sólo sufría por las heladas y el hambre, ya no padecía la angustia de la muerte inminente, porque en su alma preparaba una interesante reflexión para compartir con sus amigos médicos. Cuando el campo de Turkheim fue liberado por los soldados tejanos, las enfermeras le preguntaron a

---

5. Frankl, V. E., *Recollections: An Autobiography*, op. cit., pág. 68.
6. *Ibid.*, pág. 98.

Viktor qué iba a hacer para vengarse. Entonces, respondió: «Fue una baronesa católica la que arriesgó su vida escondiendo a mi primo en su piso [...], fue un alcalde socialista al que ni siquiera conocía el que me pasó a escondidas comida robada, [...] el jefe del campo, un médico de las SS, fue a la farmacia del pueblo para comprar con su propio dinero medicamentos para los deportados enfermos. Cuando llegaron los soldados estadounidenses, lo escondimos para ahorrarle una detención brutal».[7]

En 1946, esta actitud de los deportados que protegían a ciertos nazis provocó la indignación de las asociaciones francesas y austríacas que se ocupaban de los supervivientes. «Los alemanes son todos culpables», decían, «porque causaron una guerra mundial con cincuenta millones de muertos, la ruina y un sufrimiento infinito». Viktor respondió: «No hay culpa colectiva, un gran número de alemanes se han dejado arrastrar por una corriente de ideas que no han podido controlar». Unos pocos han conseguido nadar en dirección contraria, pero cuando el torrente está en ebullición, es difícil no quedar atrapado en una doxa poderosa, estructurada por estereotipos. Es difícil juzgar cuando una comunidad recita frases criminales que se interiorizan en la memoria hasta convertirse en creencias incuestionables.[8] El enunciado: «Los alemanes son culpables de causar la Segunda Guerra Mundial», se convierte a su vez en una matriz de conformismo. El pensamiento perezoso sólo proporciona amigos que dicen todos lo mismo, lo que impide la verdad, que es necesariamente matizada.

Viktor Frankl presenta una actitud mental cercana a la de Hannah Arendt cuando explica que no ama a los pueblos, una entidad heterogénea, sino que ama a la persona, independientemente de su pueblo. Lo que se aplica a una colectividad no se aplica a los

---

7. *Ibid.*, págs. 100-103.
8. Sloman, S.; Fernbach, P., *The Knowledge Illusion*, Riverhead Books, Nueva York, 2017.

individuos que la componen. Había matones y sádicos entre los nazis, pero también había intelectuales apartados de la realidad del mundo, que estaban tan subyugados por sus representaciones que llegaron a ser capaces de cometer los peores crímenes.[9] Poco se ha dicho de los alemanes que no se dejaron arrastrar por el torrente de ideas preconcebidas; sobre todo nos hemos fijado en los que se dejaron llevar por ideas de grandeza, pureza y felicidad, sin imaginar sus consecuencias criminales. Los medios de comunicación se vieron acaparados por imágenes demasiado claras: multitudes ordenadas al centímetro, cascos, fusiles, la marcha al paso de la oca que mecaniza las almas y ordena a las multitudes que obedecen como un solo hombre a un líder extasiado.

En cuanto regresó a Viena, Viktor se preocupó por lo que había ocurrido con el profesor Pötzl. Se reencontró con él el día en que se enteró de que su mujer nunca volvería de los campos. Y fue apoyándose en el hombro de su profesor nazi como expresó su dolor. En 1924, Hannah Arendt, de 18 años, está encantada con su profesor de filosofía Martin Heidegger de 34 años. Eran jóvenes y disfrutaban del ejercicio del pensamiento. Se enamoraron y se rodearon de un pequeño círculo que incluía a Herbert Marcuse, Leo Strauss y Hans Jonas, todos ellos judíos. Las persecuciones antisemitas obligaron a Hannah Arendt a huir de Alemania, mientras que Heidegger accedió a un puesto de dirigente en el comité central del partido nazi. Después de la guerra, en 1964, los antiguos amantes se volvieron a encontrar y Hannah escribió: «El pensamiento ha vuelto a cobrar vida».[10] La filósofa ya no estaba enamorada, pero seguía siendo una admiradora de la filosofía de Heidegger. De modo que lo hizo tradu-

---

9. Browning, C., *Des hommes ordinaires: le 101e bataillon de réserve de la police allemande et la solution finale en Pologne*, 10/18, París, 1996. [Trad. cast.: *Aquellos hombres grises: Batallón 101 y solución en Polonia*, EDHASA, Barcelona, 2002].

10. Grunenberg, A., *Hannah Arendt et Martin Heidegger. Histoire d'un amour*, Payot, París, 2009.

cir en los Estados Unidos. Al mismo tiempo, Viktor fue fotografiado en la biblioteca de un Heidegger sonriente y orgulloso de ser visitado por aquel brillante psiquiatra.[11]

¿Cómo tener ideas claras después de eso? Toda claridad esquematiza el mundo mental. El mundo íntimo se compone de mil impulsos desordenados que nuestras representaciones ordenan haciendo una limpieza intelectual. Esta reducción da una coherencia necesaria y abusiva. Siempre me pregunté por qué, en la sinagoga en la que estuve preso, conservaba en mi memoria la imagen de aquel soldado con uniforme negro que había decidido acercarse a mí para mostrarme la foto de su pequeño. Quería hablar conmigo de su hijo, al que probablemente me parecía. Pero ¿por qué recuerdo esta escena y no recuerdo nada sobre los disparos de fusil que todavía se pueden ver en los pilares del arco? ¿Por qué estaba convencido de que el oficial alemán (¿era un oficial?) que entró en la furgoneta donde yo estaba acurrucado bajo el cuerpo de la moribunda había dado la señal de salida hacia el hospital, concediéndonos así el derecho a vivir? Más tarde me enteré de que la Sra. Blanché le recordaba diciendo: «Da igual que muera aquí o allá, lo que importa es que muera». ¿Por qué quise tanto en 1948 a Émile, que al aceptar ser mi tutor subrogado me dio la posibilidad de recuperar un poco de familia? Hoy pienso que me gustaba bastante la idea que tenía de este hombre porque revelaba lo que yo soñaba ser: alegre, fuerte, científico y viajero. Esta imagen de él revelaba mis aspiraciones infantiles. Hace unos años me enteré de que leía *Gringoire*, un periódico maurrista,[12] y que participó activamente en un movimiento antisemita antes de la guerra.

---

11. Frankl, V. E., *Recollections: An Autobiography*, op. cit., pág. 114.

12. N. del T.: relativo a Charles Maurras, político, poeta y escritor francés, principal referente e ideólogo de Action française (Acción Francesa), un movimiento político de cuño monárquico, antiparlamentario y contrarrevolucionario.

No sufrí porque estaba aturdido, anestesiado, noqueado. Escuché sin emoción una afirmación impensable. Cuando volví a reflexionar, comprendí que gracias a sus contactos había podido convencer a la Gestapo de que se fueran sin detener a Dora, la hermana de mi madre, a la que habían venido a buscar.

¿Cómo puedes tener las ideas claras después de una experiencia así? El cineasta Claude Berri se inspiró en una situación análoga que vivió durante la guerra cuando se escondió en casa de un campesino antisemita. El buen hombre siempre estaba refunfuñando sobre la invasión judía.[13] El niño no podía decir su nombre, Claude Langmann, pues habría revelado su condición de judío, condenándolo a muerte. Entonces, como quería mucho a su «abuelo», jugaba a ponerlo entre la espada y la pared. Lo animaba a expresarle su afecto y luego le hacía decir que nunca podría haber amado a un judío. ¿Habría bastado con admitir que «soy judío» para terminar con su amor? ¿Podría una simple declaración destrozar un vínculo afectivo de un solo golpe? ¿Puede uno someterse hasta tal punto a la palabra? En la Liberación, cuando el petainismo se derrumbó, el pequeño judío consoló mucho a su abuelo antisemita.

Muchos niños escondidos crearon lazos de apego con los campesinos que los protegían, hasta el día en que el amable abuelo arremetió contra los judíos como «causa de la guerra» o responsables de la escasez de alimentos. El hecho de que el vínculo de apego se teja en lo real no excluye la sumisión a las representaciones alejadas de lo real. El simple hecho de articular la palabra «judío» recorta realidades heterogéneas. Había ricos, pobres, ladrones y algunos judíos antisemitas. Cuando Xavier Vallat fue nombrado director del Comisariado para las cuestiones judías, en 1941, tuvo grandes dificultades para definir al judío: «Una persona es judía cuando tiene tres abuelos

---

13. Berri, C., *Le Vieil Homme et l'Enfant*, película de 1967.

judíos, bautizados o no».[14] Decir que uno es judío porque tiene padres judíos no dice lo que es ser judío. Sobre todo, porque hay mil maneras de ser judío. «¿Son o no judíos los georgianos, los caraítas, los juguts, los subloniks, los ismaelitas…? Los georgianos se inspiran en la Torá pero no en el Talmud... Vichy los considera judíos, pero no los nazis.[15] Sin embargo, en cuanto esta palabra se estampaba en un documento de identidad, se convertía en un pasaporte hacia Auschwitz.

Hay un momento en el que hay que decidir si se estampa o si uno se abstiene de hacerlo. La acción de esta palabra sobre la realidad causará destinos opuestos, muerte o vida, así de simple, en función de una palabra que designa quién sabe qué. Algunos se someten a ese mandato verbal, mientras que otros dudan o incluso se oponen. ¿Los que estampan el sello odian a los judíos? El policía que detiene al portador de una tarjeta que sentencia a muerte no conoce a la persona que detiene y tiene una vaga idea de los motivos de la detención. De hecho, no lo necesita. Obedece a un enunciado cuyo motivo desconoce. Algunas personas fingían no ver el sello y hacían señas al titular de la cartilla para que se fuera. Otros corrían a avisar de que se había ordenado una redada y avisaban de que volverían algunas horas más tarde, esta vez de uniforme, obligados a obedecer. Los que conservaban un poco de libertad interior se arriesgaban, era más fácil someterse a un mandato sin pensar. ¿Están estos «negadores»[16] hechos de una materia diferente de los que consienten? ¿Los «aceptantes» son fanáticos, sumisos, obedientes o insensibles?

---

14. Callil, C., *Bad Faith: A Story of Family and Fatherland*, op. cit., pág. 236.
15. *Ibid.*, pág. 236.
16. Breton, P., *Les Refusants*, La Découverte, París, 2009.

Apego y razones

Diversos enfoques científicos han tratado de responder a esta pregunta. Los estudios experimentales inspirados en la teoría del apego han descubierto que «los que han tenido un apego seguro tienen una gran flexibilidad en sus representaciones».[1] Cuando reciben una orden, se dan un breve momento para evaluar y pensar lo que se les pide. Obedecen la mayoría de las veces, ya que esto es lo que permite el orden social, pero a veces no sienten la obligación de obedecer. Si un médico recibiera la orden del ministerio de sanidad de recetar cianuro para los biberones de los recién nacidos con el fin de regular el exceso de nacimientos, ¿debería obedecer? ¿Se sentiría moralmente incapaz de obedecer? Al igual que muchos médicos de la región de Var, yo recibí una carta de un político que, creyendo que había demasiadas bajas laborales, nos pidió que enviáramos una copia de las bajas por razones médicas. La mayoría de los médicos estaban indignados y querían salir a la calle para manifestarse. Yo fui uno de los que leyó la carta, la puso cuidadosamente en la papelera y no modificó sus hábitos. En condiciones más trágicas, durante la Segunda Guerra Mundial, Chérif Mécheri, prefecto musulmán del gobierno de Vichy, recibió la orden de elaborar una lista de los judíos que vivían en la región de Limoges para preparar una

---

1. Gil Rodriguez, T., *L'influence de l'accompagnement de l'adulte... en situation non professionnelle*, memoria de diploma universitario, Toulon, septiembre de 2021.

redada: no dijo nada y no hizo el trabajo, con lo que la redada fue imposible.[2]

Cómo explicar que algunos de nosotros, sea cual sea su nivel de educación o de cultura, se sometan de buen grado a un documento administrativo que les pide que organicen la matanza de millones de personas, mientras que otros, incapaces de cumplir una orden que les habría hecho morir de vergüenza, prefirieron correr el riesgo de no obedecer. ¿Dónde está el mal en todo esto? Hannah Arendt decía que el mal no puede ser radical porque no tiene raíces.[3] Cuando Eichmann, como todos los genocidas, dijo: «Sólo obedecí», decía la verdad. Pero lo que decía le permitía no decir que obedecía órdenes que satisfacían sus propios deseos. Por antisemitismo se había unido a las SS, y su celo le había llevado a un puesto de responsabilidad en la persecución. El malentendido de la «banalidad del mal» proviene de la discrepancia entre el estereotipo del gran criminal y la rutina de la persecución. Se esperaban ver a un asesino majestuoso, un monstruo en forma de guapo oficial de las SS, mordaz y cruel, y se encontraron con un pequeño funcionario en una jaula, que no paraba de anotar y argumentar cada detalle. Pero aquel hombrecillo había empuñado un arma formidable, una pluma que había hecho realidad sus sueños de esterilización, recuperación de propiedades, encarcelamiento, exilio y deportación de 800.000 judíos. Eichmann, como muchos otros, había llevado a cabo su deseo de destrucción, día a día, sin énfasis, firma a firma, como un pequeño funcionario diligente. Durante el juicio, no cambió su comportamiento, tomó notas en trozos de papel y argumentó sobre las ideas de Léon Poliakov, que acababa de crear, junto con Raymond Aron, el Centro de Documentación Judía Con-

---

2. Cyrulnik, B.; Lenzini, J.; *Chérif Mécheri. Préfet courage sous le gouvernement de Vichy*, Odile Jacob, París, 2021.

3. «Radical» procede del término latino *radicis*: «pequeñas raíces».

temporánea. Eichmann hablaba sin emoción un lenguaje técnico, como si estuviera leyendo el manual de instrucciones de una lavadora.[4] Aquel cuyos afectos están tan adormecidos se somete fácilmente a entidades verbales invisibles: «el judío, el eslavo, el negro». La palabra ya no se refiere a una persona viva, sino que evoca la idea que el perseguidor tiene de él. «Hay poderes y fuerzas que son más fuertes que la voluntad del individuo».[5] Esto es lo que se siente al ser poseído por una fuerza externa, una narrativa sin raíces que nos lleva a renunciar alegremente a toda libertad interior. Eichmann, «vacío de todo pensamiento», como dijo Arendt, utilizaba frases inventadas por un clan que jugaba a los dados, olvidando que se trataba de seres humanos. Para no encontrarse con una verdadera alteridad, Eichmann, a lo largo de su juicio, nunca miró a los ojos a los testigos, porque entonces se habría encontrado con un hombre y quizás habría tenido dificultades para firmar su sentencia de muerte... Los documentos administrativos no hablaban de «muerte», sino que utilizaban el eufemismo de «deportación». Para llevar a cabo el programa de exterminio que hizo feliz a Eichmann, fue necesario desarticular todas las relaciones.

Cuando Primo Levi llegó a Auschwitz, quedó horrorizado por lo que vio: ¡cosas por todas partes! Cosas materiales, húmedas, sucias, chozas de madera, hileras inertes, y cosas humanas repartidas por el suelo, cadáveres demacrados, caminando mecánicamente. De repente, reconoce entre los guardias de las SS a un compañero químico que había conocido en una conferencia antes de la guerra. ¡Por fin una relación humana! Se acerca para decirle unas palabras, pero el hombre de las SS levanta la vista

---

4. Sifneos, P. E., «The prevalence of "alexithymic" characteristics in psychosomatic patients», *Psychother. Psychosom*, 22 (2), 1973, págs. 255-262.

5. Théofilakis, F., «Adolf Eichmann à Jérusalem ou le procès vu de la cage de verre (1961-1962)», *Vingtième siècle. Revue d'histoire*, 4 (120), 2013, págs. 71-85.

para no tener que encontrarse con él. Al evitar la mirada del otro, el guardia ha hecho su trabajo mortífero con más facilidad. El otro no debe ser un hombre para poder ser asesinado sin culpabilidad.[6]

Yo viví la misma situación en 1944, cuando me arrestaron. La imagen traumática de los tres o cuatro hombres que rodeaban mi cama rondaba mi memoria: ¿gafas oscuras, de noche? Le di sentido a esta imagen diciéndome que aquellos hombres no querían ser reconocidos por los vecinos. Lo creí durante años, porque esta explicación daba coherencia al increíble acontecimiento. Pero cuando leí a Primo Levi, me di cuenta de que las gafas oscuras de noche eran para evitar el encuentro con mi mirada. Cuando una redada tiene lugar a las cinco de la mañana, no hay vecinos. En el pasillo, los soldados alemanes miraban al techo. Si me hubieran mirado, habrían visto a un niño de seis años al que venían a buscar para enviarlo a la muerte. Cuando se recibe la orden de matar, vale más evitar todo contacto humanizador para obedecer con tranquilidad.

Los relatos poseen el poder de moldear las emociones. Pueden entusiasmar, indignar, angustiar e incluso erotizar el odio. La aventura cultural de los *Protocolos de los Sabios de Sion* ilustra esta idea. Es una película de ficción realizada por la policía del Zar, en la que los judíos se apoderan del mundo. Meten sus dedos ganchudos y sus narices en un planisferio y se les oye decir que nombran al rey de los judíos, «papa del universo». Esta película tuvo un gran éxito en Alemania porque permitía a los rubios arios ver, con sus propios ojos, que su raza superior había sido injustamente privada del poder por culpa de los engañosos y todopoderosos judíos. El odio se convertía en placer cuando era desencadenado por esta puesta en escena. La película no

---

6. Levi, P., *Se questo è un uomo*, Da Silva, Turín, 1947; trad. francesa *Si c'est un homme*, París, Robert Laffont (prefacio de Philippe Claudel), 2017. [Trad. cast.: *Si esto es un hombre*, Austral, Barcelona, 2018].

apuntaba a nada real, sino a un «mal sin raíces», como decía Arendt, pero daba forma a la justa indignación que legitimaba la violencia antisemita: «¡Son los dueños del mundo, obstaculizan nuestro desarrollo, son la causa de nuestro sufrimiento y nosotros no decimos nada! ¡A las armas! ¡Rompamos sus escaparates, quememos sus sinagogas!».

Unos años después del final de la guerra, cuando Francia tenía menos necesidad de negarse a sí misma para protegerse, la cultura se atrevió a abrir los ojos y a preguntarse cómo es posible que seres humanos hubieran cometido tales crímenes y hubieran regresado a casa para continuar su vida familiar y trabajar para reconstruir la sociedad. La explicación más rápida fue decir: «Los nazis son enfermos mentales, monstruos, bárbaros...» Estas afirmaciones, demasiado claras, detuvieron el proceso de reflexión con una palabra. No era fácil verlo, porque estábamos muy confundidos por hechos impensables. Cuando nos enteramos de que Hannah Arendt había vuelto a ver a Heidegger y había facilitado su traducción en Estados Unidos, que Viktor Frankl había escondido al profesor Pötzl para protegerlo del juicio de los aliados, la furia fue la reacción habitual. Estando el mal del lado nazi, las víctimas eran necesariamente inocentes. Era correcto atacar a los perseguidores, era escandaloso tratar de entenderlos.

La recogida de datos matiza las certezas. No es raro ver a fanáticos exaltados incapaces de pasar al acto, mientras que por otro lado se podía ver a vecinos amables entrando en la casa del que la policía acababa de detener, para apoderarse de la tostadora que necesitaban. «Esto no es un robo», decían, ya que la arianización de los bienes judíos, aplicada en Alemania a partir de 1940, se formalizó en Francia en 1941.[7] «En la población de

---

7. Dreyfus, J.-M., «"L'arianisation" économique et la spoliation pendant la Shoah», *Revue d'histoire de la Shoah*, 1 (186), 2007, págs. 15-41.

perseguidores se encuentran grandes intelectuales, psicópatas, delincuentes y un gran número de hombres corrientes.[8] Se dice que para ser un asesino en serie hay que ser un enfermo mental, sin embargo, la mayoría de los «asesinos en serie no muestran ninguna patología mental y resultan ser hombres corrientes».[9] Tuve la oportunidad de conocer a Robert Hébras, uno de los siete supervivientes de la masacre de Oradour-sur-Glane.[10] El 10 de junio de 1944, la división Das Reich reunió a 643 habitantes del pueblo y los hizo esperar en la plaza. El panadero protestaba porque su pan se cocía demasiado, las mujeres se preocupaban, los niños se impacientaban, los soldados les hicieron entrar en la iglesia y, sin ninguna causa ni explicación, le prendieron fuego. Se concedió la amnistía a estos soldados porque la mayoría de ellos eran, «a nuestro pesar», franceses alsacianos incorporados a la fuerza al ejército alemán. Xavier Vallat dijo que «la culpa es de la población francesa, si hubieran obedecido, no habría habido masacres». En 1953, el juicio, trasladado a Burdeos, condenó a un solo alsaciano que se había incorporado voluntariamente a la SS.[11] Robert Hébras se quedó atónito cuando reconoció a un pirómano. Bien vestido, respondiendo con calma, honrado por su valor al trabajar por la reconstrucción de Francia.

El pensamiento fácil, el Diablo, Dios, y el Bien y el Mal, nada de eso funciona. En un mismo hombre hay impulsos opuestos: la

---

8. Rechtman, R., *La Vie ordinaire des génocidaires*, CNRS Éditions, París, 2020, pág. 24.

9. Zagury, D., *La Barbarie des hommes ordinaires*, Éditions de l'Observatoire, París, 2018.

10. N. del T.: la Masacre de Oradour-sur-Glane fue el resultado del ataque de las Waffen-SS contra civiles indefensos presentes en el emplazamiento original de la localidad francesa de Oradour-sur-Glane, el 10 de junio de 1944, durante Batalla de Normandía en la Segunda Guerra Mundial.

11. Follin, M.; Wilmart, M., *Oradour*, coproducción documental Conseil général de la Haute-Vienne y FR3 Limousin-Poitou-Charentes, 1988.

rabia de destruir y el coraje de reconstruir. Fue por empatía que Himmler ordenó la construcción de las cámaras de gas. Cuando vio el malestar de sus soldados, blancos de angustia y obligados a beber alcohol para reunir la fuerza suficiente para ametrallar a mujeres desnudas con sus bebés en brazos, se compadeció de ellos y propuso una técnica limpia para matar a aquellas personas sin traumatizar a los soldados. Cuando se inventó la lobotomía, los congresos giraban en torno a la técnica: ¿se debe hacer una placa frontal, introducir una aguja en la cavidad supraorbitaria, inyectar alcohol, utilizar un bisturí? El éxito técnico frenó la empatía y nos impidió ver que el coste humano era desorbitado, que la «cura» era peor que la enfermedad. El gesto técnico, las instrucciones militares o administrativas, el deseo de hacerlo bien, ocupan el espacio psíquico. No hay debate porque no hay alteridad, sólo el gesto y la palabra. «La forma que cobra vida en el lenguaje»[12] ilumina un segmento del mundo y apaga todo lo demás. Vemos a amables incendiarios reconstruyendo Francia, padecemos el sufrimiento de las SS que deben fusilar a tantas mujeres, vemos la precisión del gesto técnico que corta un lóbulo prefrontal. Como no podemos verlo todo en el mundo, reducimos nuestra visión a los hechos a los que las historias nos han hecho sensibles. «Esto es la guerra», dijo el teniente Calley después de incendiar una aldea vietnamita en la que sólo había familias desarmadas.[13] Cuando los hombres comunes regresan a la vida civil, sólo cuentan su propio sufrimiento, el calor tropical, el estrés, la muerte de los compañeros. Se presentan como víctimas y se indignan al no ser reconocidos por su propia cultura.[14] ¿Es la monstruosidad un lugar común, que duerme en lo

---

12. Rechtman, R., *La Vie ordinaire des génocidaires*, op. cit., pág. 34.
13. Masacre de My Lai, Vietnam, 1968.
14. Peschanski, D.; Maréchal, D. (dir.), *Les Chantiers de la mémoire*, INA Éditions, Bry-sur-Marne, 2013, págs. 98-114.

más profundo de cada uno de nosotros y se despierta cada vez que nuestra necesidad de pertenencia corre el riesgo de ser desgarrada? ¿Aceptaríamos obedecer órdenes monstruosas para no perder una figura de apego? Nuestra necesidad de afecto es tan vital, que nos dejamos convencer por cualquier argumento que mantenga el vínculo. La ficción que produce tal efecto no sirve para razonar, sino que simplemente nos ayuda a permanecer juntos. Por eso necesitamos relatos, visiones compartidas del mundo a las que damos apariencia racional para defender ideas irracionales. El beneficio es tan grande, que preferimos las racionalizaciones que dan verosimilitud a los sentimientos provenientes de quién sabe dónde. Cuando la razón nos aísla y desolidariza, preferimos la racionalización que refuerza el vínculo y nos hace sentir seguros. Lo que permite sobrevivir es vivir juntos, no la búsqueda de la verdad. La cooperación controla la realidad, elimina los puntos peligrosos y selecciona los factores de protección. Nuestra razón se utiliza principalmente para encontrar argumentos destinados a afrontar lo real peligroso y soportar los acontecimientos dolorosos.[15] Cualquiera que no comparta nuestras luchas y creencias nos hace vulnerables. Adquiere el significado de un traidor o de un agresor que nos impide defendernos. Esta falsa razón es una verdadera racionalización. ¿Es ésta la causa de las guerras de creencias que existen desde que el hombre responde a las representaciones? Al tratar de comprender el mundo mental del otro, abrimos el nuestro, pero hacemos vulnerable a nuestro grupo. La racionalización, en cambio, refuerza el vínculo gracias a la recitación, una ilusión del pensamiento.

---

15. Mercier, H.; Sperber, D., *L'Énigme de la raison*, Odile Jacob, París, 2021.

Anomia afectiva y verbal

Cuando ya no hay relatos que organicen un grupo, la ausencia de una estructura verbal crea anomia. Las cosas se descontrolan y los más brutales pueden imponer su ley. Los enunciados son necesarios para estructurar las relaciones y los sentimientos. Recuerdo a un joven de 17 años que invitó a un amigo a su casa. Tenía que ausentarse unas horas, y cuando volvió encontró a su amigo en la cama con su madre. Fingió sonreír, pero este acontecimiento hizo que sus padres se divorciaran y él quedó desorientado. Unos meses más tarde, cuando volví a ver a este joven, me dijo: «Ahora mi madre forma parte de nuestro grupo, pero no sé cómo debo comportarme. ¿Sigue siendo mi madre, la mujer de mi padre o es una amiga, la mujer de mi amigo? ¿Se trata de una relación extramatrimonial que perjudica a mi padre, o es una nueva relación que tengo que aceptar? No sé qué hacer, no sé qué pensar. ¿Quién soy yo en esta nueva relación? Ya no sé a qué atenerme, no sé qué comportamiento debo adoptar». El enunciado es necesario para estructurar un grupo, pero varía según la cultura. El incesto es un tabú universal, pero se enuncia de forma diferente en las distintas culturas.[1] En Occidente, hoy en día, tendemos a pensar que la prohibición se refiere a los padres biológicos, pero no siempre ha sido así. Hace dos o tres generaciones, una relación sexual entre un padrino y su ahijada se consideraba incesto espiritual, una transgresión

---

1. Godelier, M., *L'interdit de l'inceste à travers les sociétés*, CNRS Éditions, París, 2021.

grave y punible. Entre los baruya de Nueva Guinea, la ley establece que todos los hombres por parte de padre y todas las mujeres por parte de madre están emparentados y, por lo tanto, prohibidos sexualmente. Una mujer de 30 años que mantiene relaciones con un adolescente de 15 se consideraría incestuosa. La prohibición, proclamada e institucionalizada en todas partes, se sigue practicando sin cesar porque no todo el mundo experimenta este enunciado de la misma manera. Hoy en día, ya no llamamos incesto a un encuentro sexual entre primos. Esta palabra, cargada de repercusiones sociales y psicológicas, se refiere a las relaciones entre parientes muy cercanos (padre-madre-hijo). Pero desde hace varias generaciones, en familias que se han mezclado varias veces, la palabra ya no designa claramente quién es el padre. ¿Es el amante quien concibió al niño? ¿Es el segundo o tercer padrastro? ¿Es la abuela que hace de padre cuando una mujer soltera cría a sus hijos con su propia madre? ¿Es la pareja de una mujer homosexual que llevó al niño en su vientre?

Cuando la violencia de la cultura dio el poder a los hombres utilizando su propia violencia, era necesario afirmar la paternidad, tan grande era la carga que representaba. Era la virginidad de las mujeres la que designaba al padre. «Puesto que mi mujer era virgen en su noche de bodas, y puesto que la sociedad la ha encerrado en casa para servir a su marido y a sus hijos, estoy seguro de que soy el padre». Las mujeres han pagado por la certeza de la paternidad, que también ha costado muy cara a los hombres. Como eres el padre, tienes que aceptar cualquier trabajo y dar todo tu sueldo a tu mujer. He conocido a muchos estudiantes de medicina que, al haber embarazado a su compañera, abandonaron sus estudios y aceptaron un trabajo cualquiera.

El conocimiento abstracto no es tranquilizador cuando no se tiene control sobre la realidad. Incluso puede crear un momento de vulnerabilidad que fomente la sumisión al que sabe. En los años 1970, se empezó a describir la estenosis carotídea, fuente de embolias cerebrales. Las publicaciones médicas nos aconsejaron que pidiéramos a la familia que eligiera entre la abstención o la intervención, cuyos resultados eran inciertos en aquel momento. Las familias estaban muy preocupadas por esta elección, una responsabilidad ante un problema que no controlaban, y se volvieron agresivas, acusándonos de no asumir responsabilidades. Nos sentimos mejor cuando obedecemos al que sabe, pero también nos sentimos mejor cuando obedecemos al que pretende saber.

El ser humano no es dueño de su propia psique. Desde Freud, sabemos que el inconsciente nos gobierna, y desde la neurociencia, sabemos que lo que esculpe nuestro cerebro y estructura nuestros impulsos queda grabado en nuestra memoria por las presiones del entorno. Es una transacción entre lo que somos y lo que nos rodea. Hay un primer período especialmente sensible en los primeros mil días,[2] un segundo en la poda sináptica de la adolescencia y, en el caso de las mujeres, una nueva conformación en el primer embarazo.[3] Esto significa que la tendencia a someterse que observamos durante los períodos de vulnerabilidad no se localiza en la psique del sujeto, sino que tiene su origen en el exterior, en los tres nichos —biológico, afectivo y verbal— en los que todo sujeto está inmerso. Cuando el entorno temprano está empobrecido, adquirimos una falta de autoestima que nos hace vulnerables. A partir de ahí, basta con la más mínima desorganización social para activar nuestra necesidad de dependencia. Por el contrario, cuando el sujeto se ha beneficiado de los tres nichos, los factores de protección

---

2. Smith, J. (ed.), *Le Grand livre des 1 000 premiers jours de vie*, Dunod, París, 2021.

3. Hoekzema, E.; Tammes, C.; Berns, P.; Barba-Müller, E., «Becoming a mother entails anatomical changes in the ventral striatum of the human brain that facilitate its responsiveness to offspring cues», *Psychoneuroendocrinology*, 112, art. 104507, 2019.

se han grabado en su memoria. Al haber adquirido estabilidad emocional, es menos dependiente de las presiones externas y necesita menos el efecto de seguridad de la autoridad. Por eso los asesinos no pueden ser caracterizados por una estructura psicológica concreta. Con la excepción de los esquizofrénicos, los delirantes o las intoxicaciones cerebrales que les hacen perder todo el libre albedrío, la gran mayoría de los asesinos tienen una estructura psicológica que entra dentro de la normalidad. Un hombre normal puede matar sin freno ni culpa cuando una desorganización social lo hace vulnerable y dependiente de la autoridad de otro.

Las masas están ciegas cuando su entorno mal estructurado las hace vulnerables. Cuando la incertidumbre las inquieta, anhelan someterse a un líder, un salvador, un héroe o un gurú. Los hombres y mujeres que se dejan embaucar rara vez son sádicos, monstruos o imbéciles. Todos los niveles intelectuales y educativos participan en el crimen de masas, pues todos se someten a una representación que muestra a un enemigo del que procede el mal como una profanación o como una cucaracha que hay que eliminar por higiene. Cuando se habita exclusivamente en un mundo tan desarraigado, se considera moral limpiar los focos de infección, las plagas y los enfermos mentales, esas vidas sin valor innecesariamente costosas.

Someterse a la autoridad

Me siento incómodo escribiendo esto, me cuesta aceptar la idea de que yo también podría convertirme en un verdugo insensible o que podría cometer delitos con mi pluma. ¡Yo no, por supuesto! Y, sin embargo, recuerdo que en el PCB[1] fui incapaz de abrir el estómago de una cobaya atada a una tabla. Se me cayó el bisturí, y un joven profesor de biología me explicó que si el animal gritaba no significaba que estuviera sufriendo, porque «cuando tu bici chirría no creas que está sufriendo». Este amable biologicista había aceptado totalmente la idea del animal-máquina. No era ni sádico ni estúpido. Unos años más tarde, al final de mis estudios, cuando tuve que aprender a dar puntos de sutura, profesores a los que admiraba me explicaron que no había que utilizar anestesia, ni siquiera local, porque altera los síntomas y puede que no se vean las complicaciones, lo cual es perfectamente cierto. Así que aprendí a suturar muy deprisa, para que los niños sufrieran menos. ¡Pero estaban sufriendo! Las neuroimágenes fotografían hoy de qué modo una huella dolorosa modifica la función cerebral. Por tanto, me veo obligado a admitir que me sometí a la autoridad de mis maestros porque los admiraba, porque no tenía conocimientos y porque no era capaz de pensar de forma independiente. Yo era un principiante, no sabía hacer nada y admiraba a los que sabían. Al no tener la posibilidad de matizar, me estaba

---

1. PCB: física, química y biología [por sus siglas en francés]. Antiguamente eran unos estudios de preparación de un año para los estudios de medicina.

sometiendo a un enunciado que torturaba a los niños. Al ser evidentemente inferior, ya que tenía mucho que aprender, me convertía en «sobrenormal»,[2] lo cual paralizaba mi empatía. Suspiraba, hablaba con amabilidad a los niños a los que había hecho daño en nombre de un principio superior que no era capaz de desafiar. Mi ignorancia, al hacerme vulnerable, me sometía a una autoridad que yo aceptaba e incluso deseaba. No sentía culpa alguna porque la representación de los puntos de sutura que yo tenía era útil y moral: «Es por su propio bien que le hago daño». Hoy, una enfermera toma una compresa, aplica un poco de líquido anestésico sobre la herida y, unos minutos después, cose la carne y la piel mientras charla con el niño. Mi ignorancia me había sometido a una autoridad que supuestamente sabía.

Veinte años después de la Segunda Guerra Mundial, un joven psicosociólogo, Stanley Milgram, llevó a cabo un experimento muy citado para intentar resolver el enigma: «¿Seríamos todos capaces de obedecer hasta el punto de cometer un asesinato con la conciencia tranquila?».[3] El dispositivo experimental era el siguiente: se invitó a algunas personas a participar en un estudio que tenía el objetivo de demostrar cómo el castigo podía mejorar el aprendizaje. Se pidió a los «experimentadores» invitados que enviaran descargas eléctricas de intensidad creciente, de 45 a 450 voltios, cada vez que el «aprendiz» cometiera un error. Por supuesto, no había descarga eléctrica alguna, se encendía una bombilla en un cartel que indicaba la supuesta intensidad de la descarga, y un actor representaba el sufrimiento que supuestamente correspondía a la descarga eléctrica: un pequeño gemido al principio, luego gestos de dolor y gritos que

---

2. Zagury, D.; Assouline, F., *L'Énigme des tueurs en série*, Plon, París, 2008.
3. Milgram, S., *Obedience*, película de 1965 (disponible en la New York University Film Library). Milgram S., *Obedience to Authority: An Experimental View*, Harper and Row, Nueva York, 1974.

aumentaban con la intensidad de la descarga. El resultado de este experimento fue que el 65% de los «docentes» no dudaron en enviar descargas torturadoras para que el sujeto aprendiera mejor. Había muchas variables que afectaban a estos resultados: la proximidad de la figura de autoridad, los símbolos de la ropa o el género del experimentador, pero, en general, los que aceptaron enviar las descargas tortuosas no eran más agresivos que el 35% que se negó a cumplir el «contrato» porque el «aprendiz» mostraba demasiado dolor. La razón de esta obediencia excesiva era la sumisión a una autoridad moral. Milgram creyó que así había validado la expresión de Hannah Arendt sobre la «banalidad del mal» acerca del comportamiento de Eichmann en el juicio de Jerusalén. El experimento de Milgram fue utilizado para explicar la masacre de My Lai en Vietnam, el exterminio de los nativos americanos y la esclavitud de los negros, durante la cual veinte millones de personas fueron privadas de su libertad, vendidas y torturadas para que no subiera el precio del azúcar. Cuando Jean-Léon Beauvois repitió el experimento,[4] le sugerí que se fijara en los que habían desobedecido. La tasa de obediencia había superado el 80% porque a las personas que enviaban las descargas se les había dicho que era un juego televisado, por lo que era menos grave. La pequeña población de indóciles era heterogénea. A algunos les resultaba difícil obedecer: «Me obligo a enviar una descarga, pero veo que le hace daño». Un participante confesó: «No puedo pulsar el botón que le hace daño». Y unos pocos, acostumbrados a la rebelión, simplemente dijeron: «Con o sin contrato, me voy». Sea cual sea la puesta en escena, sea cual sea el dispositivo de observación, los obedientes siempre han sido más o menos mayoritarios, lo que es un signo de integración social. Primero obedecemos a nues-

---

4. Léon Beauvois, asesor científico del documental de C. Nick, T. Bornot, G. Amado, A.-M. Blanc, *Le Jeu de la mort*, France Télévisions y Radio-Télévision Suisse, 2009.

tra madre porque nos protege y queremos ser amados por ella. Entonces obedecemos a la escuela para obtener un diploma que nos socialice. Obedecemos al ejército, para defender a Francia, obedecemos las normas para no saltarnos un semáforo en rojo o que nos sancionen con nuestros impuestos. La desobediencia en todas estas situaciones es un síntoma de una socialización difícil. La edad del «no», al final del segundo año de vida, muestra el placer de una afirmación de uno mismo más que una rebelión,[5] y el hecho de que los adolescentes se opongan a menudo muestra su deseo de independencia, que es una muestra de buen desarrollo.

Lo prohibido es necesario para una buena socialización. Es una estructura afectiva que nos permite controlar nuestros impulsos. El simple hecho de no permitírselo todo da cabida al otro y nos ayuda a convivir sin violencia. Los enunciados a los que es moral obedecer son diferentes en las distintas culturas. Cuando, en la época de *Sapiens*, vivíamos en grupos de entre cuarenta y cincuenta personas, obedecer a un anciano sabio o a una mujer vieja de treinta años era suficiente para que el grupo se coordinara. Cuando la civilización se hizo más compleja, las declaraciones se volvieron poderosas. El Papa Urbano II, en 1095, emitió el llamamiento de Clermont que inauguraba la primera cruzada para recuperar la tumba de Cristo robada por los árabes. Cuando los aristócratas, durante más de mil años, buscaban apoderarse de las tierras del rival, hacían de la lealtad un argumento moral para que los vasallos estuvieran permanentemente sometidos al jefe. Cuando la patria [francesa] estaba en peligro en 1792, era estimulante obedecer a la Revolución y cometer la primera gran masacre de un ejército popular en Valmy. Hoy en día, es la ciencia la que es una fuente importante

---

5. Pedinielli, J.-L., «Non», en D. Houzel, M. Emmanuelli, F. Moggio, *Dictionnaire de psychopathologie de l'enfant et de l'adolescent*, PUF, París, 2000, pág. 456.

de enunciados que deben ser obedecidos para protegerse y estructurar la sociedad.[6]

Cuando Hannah Arendt habla de la «banalidad del mal» y Stanley Milgram confirma experimentalmente esta frase, ¿quizás simplemente están subrayando la importancia de la obediencia en la función social? ¿Nos equivocamos al buscar dentro del individuo las cualidades necesarias para la obediencia o los méritos de la desobediencia cuando el enunciado es diabólico? En cualquier caso, la mayoría obedecerá. Es en el enunciado sociocultural externo al sujeto donde hay que buscar la fuente tanto del Bien como del Mal. Durante la Segunda Guerra Mundial, pueblos enteros no se sometieron a la doxa antisemita que gobernaba la Francia de Vichy. Poblaciones de varios miles de habitantes albergaban, alimentaban y protegían a miles de judíos que huían de la persecución nazi. Los habitantes de Chambon-sur-Lignon, en el Alto Loira, Dieulefit, en la Drôme, o Moissac, en el Tarn, no denunciaron a un solo judío, mientras que en París o en las grandes ciudades la denuncia era una virtud que iba a purificar Francia. Un fenómeno similar tiene lugar hoy en día cuando vemos que las hospitalizaciones forzadas de pacientes mentales peligrosos se dan principalmente en las grandes ciudades. En los pueblos, cuando uno ha compartido la escuela con el enfermo agitado, se le tiene menos miedo, se entra en comunicación real con él, se elude la doxa. Clara Malraux y Edgar Morin fueron protegidos en Pechbonnieu, en el Alto Garona, antes de unirse a la Resistencia activa. En Moissac, a la vista de todo el mundo, los niños judíos iban a la escuela en filas desde las instituciones judías que los educaron durante de la guerra. En Dieulefit, donde la población había elegido a un

---

6. Bègue, L.; Verizian, K., «Sacrificing animals in the name of scientific authority: The relationship between pro-scientific mindset and the lethal use of animals in biomedical experimentation», *Personality and Social Psychology Bulletin*, 2021, doi.org/10.1177/01461672211039413.

alcalde afín a Pétain, en cuanto los encuentros con los judíos se convirtieron en algo cotidiano, el relato antisemita y las leyes antijudías de Pétain no tuvieron ningún efecto. ¿Se oponía la banalidad del bien en estos pueblos a la banalidad del mal en las grandes ciudades?[7] En un pueblo donde el héroe se llama señor y señora tal, se ama, se conversa en el mundo real.[8] Mientras que, en una situación de superpoblación, uno no puede conocer sensorialmente a todos sus vecinos, sólo puede imaginárselos. En este caso es la representación de la realidad la que gobierna los sentimientos, por lo que la doxa se impone.

Los héroes salvadores, los Justos, ¿están hechos de la materia del Bien y los bastardos denunciantes de la materia del Mal? ¿O es que están sumergidos en relatos diferentes en los que la mayoría quiere creer? En Chambon, ¿desobedecieron los habitantes al nazismo o se dejaron seducir por dos grandes personalidades a las que debían admirar? Los pastores André Trocmé y Édouard Theis, ya en 1940, eran muy queridos por los habitantes que seguían a estos sacerdotes. Cinco mil refugiados, entre ellos tres mil quinientos judíos, fueron acogidos y protegidos en este pueblo. Los habitantes no eran resistentes armados, sino personas que, en una situación social vulnerable, recibieron el impulso de dos pastores admirados. Los enunciados dieron forma verbal a un sentimiento profundo. Cuando un antisemita dice: «Auschwitz no ha existido nunca, es una invención de los judíos para traficar con oro», ¿es realmente antisemita o simplemente se ha sometido a una representación verbal que le ha permitido sentir que a él nadie le engaña? «A mí no me engañan... He descubierto el complot». Esta frase me

---

7. Rochat, F.; Modigliani, A., «The ordinary quality of resistance: From Milgram's laboratory to the village of Le Chambon», *Journal of Social Issues*, 51 (3), 1995, págs. 195-210.

8. Portheret, V., *Vous n'aurez pas les enfants*, XO Éditions, París, 2020 (sobre el rescate de niños judíos en Vénissieux).

la dijo un joven profesor de psiquiatría que me apreciaba, un día en que me estaba enseñando su ciudad. Aquel simpático joven académico no era antisemita, pero le gustaba dejarse llevar por una frase hecha, un relato sin raíces, una afirmación categórica que le diera una visión clara del mundo. «Poner en palabras una comprensión repentina»[9] evita el trabajo de pensar y da una ilusión de comprensión, como una súbita revelación. Todo está bien, es rápido, no supone ningún esfuerzo, pero es una evidencia delirante, como la del psicótico que dice: «Hay que estar loco para no ver que soy el emperador Napoleón». Eichmann se limitó a obedecer las órdenes del líder que le permitieron realizar sus sueños de exterminar a los judíos. Pero ¿de dónde vienen sus sueños? ¿De un sastre judío que le hizo pagar demasiado por un traje malo? ¿De una película en la que se ve a un judío con los dedos en forma de gancho agarrando un globo terráqueo? ¿O de un simple cuento que alimenta el placer de tener un enemigo al que odiar? Para que este relato flotante se afianzara en el alma de Eichmann, tenía que satisfacer su deseo de ser un funcionario perseguidor. Para que el culto y educado Dr. Mengele llevara a cabo sonriendo experimentos de increíble crueldad con niñas pequeñas, tuvo que someterse a representaciones indiscutibles. Cuando las torturaba, no las percibía como niñas inofensivas, no hacía más que habitar su representación de niños judíos «que no son verdaderos seres humanos».

Esta discordancia entre un mundo de percepciones embotadas y representaciones todopoderosas puede explicarse con los recientes descubrimientos en neuroimagen, en los que cada cerebro, esculpido por su entorno, revela un mundo distinto. El siglo XX fue testigo de dos guerras mundiales, de los genocidios armenio, judío, camboyano y ruandés y de innumerables

---

9. Darley, J., «Social organization for the production of evil», *Psychological Inquiry*, 3 (2), 1992, págs. 199-218.

masacres étnicas en Yugoslavia y Oriente Medio, por no hablar de las guerras civiles y las matanzas ideológicas y religiosas. Estas increíbles carnicerías se dieron durante un siglo de progreso científico y de respeto a los derechos humanos. Dos pulsiones opuestas, el asombro y el horror, animan al mismo sujeto. Es difícil explicar lógicamente por qué el nazismo prosperó en el pueblo más culto de Occidente, por qué los tutsis fueron masacrados por sus amables vecinos y por qué el 90 % de los hombres bien educados y cultos del 101º Batallón de Reserva de la policía alemana se convirtieron en asesinos en serie de niños. Mataron a 38.000 personas y apenas el 10 % de ellos se atrevió a acogerse a su derecho a no matar.[10]

---

10. Browning, C. R., *Des hommes ordinaires. Le 101e bataillon de réserve de la police allemande et la solution finale en Pologne*, Les Belles Lettres, París, 1994. [Trad. cast.: *Aquellos hombres grises: Batallón 101 y solución en Polonia*, EDHASA, Barcelona, 2002].

Glaciación afectiva

Itzhak Fried analiza este fenómeno colectivo como un cuadro clínico que ha denominado «Síndrome E»:[1]

- Una ideación obsesiva que acusa a una minoría se apodera de las mentes de los individuos unidos por una creencia.
- Una certeza compartida no necesita pruebas para desatar una violencia desenfrenada.
- En el momento del asesinato, había una anestesia emocional, cuando se esperaría una furia mortífera.
- Los gestos asesinos se repiten como un automatismo.
- Se mantienen todas las capacidades intelectuales, la inteligencia, la memoria, el habla, el razonamiento lógico.
- Como en el caso de las disarmonías evolutivas, se observa una combinación de habilidades maduras y de regresión afectiva y conductual en una misma persona.

Durante el desarrollo del niño, la disarmonía es habitual, porque no todas las capacidades evolucionan a la misma velocidad. En el síndrome E, se trata de adultos que están en desarrollo y que de repente tienen un compartimento de la personalidad que retrocede y se vuelve inmaduro. Los desarrollos biológicos, afectivos, psicológicos y socioculturales nunca son lineales, sino que

---

1. Fried, I., «Syndrome E: Cognitive fracture in our midst», en I. Fried, A. Berthoz, G. M. Mirdal (eds.), *The Brains that Pull the Triggers: Syndrome E*, Odile Jacob, París, 2021.

se producen mediante pequeños saltos o después de catástrofes. En el caso del síndrome E, se trata de un choque externo, de un miedo colectivo, de un peligro real o imaginario, de la propagación de una creencia que impacta en las personas que componen este grupo: «La segmentación en mosaico de la personalidad es una organización [...] fluctuante, sometida a influencias del entorno».[2] Este trastorno momentáneo de la personalidad es causado por el impacto de una creencia colectiva en la que cada individuo trastornado impulsa el trastorno de su vecino. El contagio se detiene cuando la persona se aísla de su comunidad. El hutu que ha «macheteado» en grupo, cortando brazos en serie desde las 9 de la mañana hasta las 5 de la tarde,[3] se va a casa, se ducha y cuida de sus hijos. El guardia de las SS que, sin emoción, disparó a decenas de deportados que no caminaban lo suficientemente rápido durante la evacuación de Auschwitz, escuchaba con placer a un niño judío de 14 años que cantaba canciones populares en la velada de la noche anterior. Le aplaudía y le agradecía calurosamente el buen rato que habían pasado juntos.

En el momento de la glaciación afectiva y del automatismo asesino, el clínico suele advertir una sensación de euforia, como un ascenso al cielo. Esta sensación no es infrecuente en los éxtasis místicos, en los que el sujeto siente repentinamente que se levanta del suelo.[4] Da forma verbal a esta conciencia repentina y

---

2. Mille, C., «Dysharmonie évolutive», en D. Houzel, M. Emmanuelli, F. Moggio, *Dictionnaire psychopathologique de l'enfant et de l'adolescent*, PUF, París, 2000, pág. 211.

3. Hatzfeld, J., *Une saison de machettes*, Seuil, París, 2003. [Trad. cast.: *Una temporada de machetes*, Editorial Anagrama, Barcelona, 2004].

4. Janet, P., *De l'angoisse à l'extase. Études sur les croyances et les sentiments*, tomo II: *Les Sentiments fondamentaux*, Félix Alcan, París, 1928; reeditado por la Société Pierre Janet y el Laboratoire de psychologie pathologique de la Sorbonne, 1975, disponible en BnF Gallica: https://gallica.bnf.fr/ark:/12148/bpt6k34112351/f15.item.

dice: «Siento que Dios me llama». En estas situaciones extremas, cada vez más frecuentes, de experiencias cercanas a la muerte,[5] el paciente que ha sido reanimado tras un paro cardíaco relata una sensación incorpórea, en la que se veía en un túnel inundado de luz, flotando unos metros por encima de su propio cuerpo. Estas experiencias extremas se curan espontáneamente cuando el estado de alerta cerebral, causado por la privación de oxígeno o por una ráfaga de oxitocina, se agota por sí mismo tras la eliminación de las sustancias fisiológicas. Pero cuando un sistema ideológico o cultural inflama las almas y organiza constantemente pogromos, masacres, matanzas o genocidios, estas presiones externas que estimulan el cerebro perpetúan el cuadro clínico del síndrome E.

El término «fractura cognitiva»[6] da cuenta de este fenómeno psicocerebral inducido por los acontecimientos socioculturales. Cuando un sujeto se ve privado de la alteridad porque ha sido aislado durante su desarrollo, el cerebro, mal estimulado, no funciona bien. La parte ventromedial y lateral del córtex orbitofrontal ya no se excita con las relaciones y los proyectos. El sistema límbico está atrofiado porque no tiene nada que recordar debido a la pobreza del contexto. El lóbulo prefrontal debe activarse con las interacciones cotidianas para inhibir las reacciones de la amígdala rinencefálica, esa nuez de neuronas en la base de los hemisferios que es la base neuronal de las emociones insoportables de la rabia o la melancolía. Esto significa que un joven cuyo cerebro se ha desarrollado en un contexto poco estimulante no ha adquirido la capacidad neurológica de controlar sus emociones. Como tampoco tiene control verbal, ya que se ha desarrollado en un entorno carente de palabras,

---

5. Le Maléfon, P., «Sortie du corps et clinique de la situation traumatique», *Revue francophone du Stress et du Trauma*, 10, 2, 2010, págs. 71-77.

6. Fried, I., «Syndrome E: Cognitive fracture in our midst», art. cit., pág. 22.

manifiesta problemas de socialización en la adolescencia y explota por nada.[7]

En cambio, cuando un entorno cultural sobreestimula el córtex prefrontal con historias emocionantes, encuentros, desfiles y música, el alma de cada individuo de esa multitud funciona en sincronía con la del vecino. No hay extrañeza porque todo es igual. La clonación de almas causa tal seguridad que «desactiva la amígdala, lo cual apaga la afectividad y hace desaparecer el miedo».[8] El sujeto, moldeado de este modo por la presión externa, reacciona como un solo hombre, como una máquina bien engrasada que marcha al paso, aplaude a la orden, se entusiasma o se indigna y dice lo que hay que decir recitando las palabras como si fuera un loro. Así funciona el lenguaje totalitario: el orden reina cuando el pensamiento se extingue, el psitacismo conduce a la paz del cementerio.

Tanto si la amígdala se inflama por el aislamiento sensorial como si se apaga por una certeza tranquilizadora, en ambas situaciones opuestas el cerebro ya no conoce el ritmo del día y de la noche, de la activación y del descanso, de una idea y luego de otra que despierta la conciencia. Cuando un sujeto experimenta la deficiencia ambiental, se somete a sus impulsos, no puede evitar actuar y luego dar una traducción verbal de su impulso: «Me defiendo de la sociedad podrida... Odio el sistema... Siento que todos quieren hacerme daño». Pero cuando una persona sólo está informada por un único relato, habita un mundo monótono que adormece el pensamiento. Cuando no puedes comparar ni pensar, pierdes tu libertad interior.

---

7. Berthoz, A.; Thiriouy, B., «Empathy, sympathy, hypotheses to better understand variable, and context. Dependant mental states in syndrome E», en I. Fried, A. Berthoz, G. M. Mirdal (eds.), *The Brains that Pull the Triggers: Syndrome E, op. cit.*, págs. 193-196.

8. Fried, I., «Syndrome E: Cognitive fracture in our midst», art. cit., pág. 24.

El origen del mal no está en el sujeto, sino en la afectividad del contexto y de los relatos culturales. Cuando piensas como los demás, evitas el conflicto; cuando compartes una creencia, te sientes afín; cuando recitas lo que los demás recitan, sientes una sensación de fuerza y verdad. Estas narrativas no tienen que estar basadas en la realidad. Un relato sin raíces, un cuento, una leyenda puede servir. Una utopía maravillosa en la imaginación y mortífera en el mundo real queda impresa en la memoria que nos gobierna sin que nos demos cuenta. Es un demonio-motor que nos obliga a actuar sin pensar en lo que hacemos. Por eso nos sentimos tranquilos, fortalecidos e incluso eufóricos cuando ponemos en el lugar del diablo a un líder venerado al que nos sometemos. Es algo delicioso, ¡aporta tantos beneficios! «[...] el hecho de que el gobierno totalitario, a pesar de la evidencia de sus crímenes, se apoye en un sustrato de masas es profundamente inquietante [...] la población estaba notablemente bien informada sobre todos los llamados secretos (masacre de los judíos en Polonia, preparación del ataque a Rusia) [...] esto no debilitó en absoluto el apoyo general al régimen de Hitler».[9]

---

9. Arendt, H., *Le Système totalitaire*, Seuil, col. «Points», París, 2005. [Trad. cast.: *Los orígenes del totalitarismo*, Alianza Editorial, Madrid, 2006].

Libertad interior

La elección está clara, pero es dolorosa. Los que emprenden el camino de la libertad interior perderán a sus amigos. Serán odiados por los que aman, como lo fue Hannah Arendt. Pensar por uno mismo es aislarse: la angustia es el precio de la libertad. Mientras que los que se someten a la palabra de un tirano amado experimentarán una sensación de seguridad (todos juntos), una sensación de igualdad (todos iguales), una alegría desenfrenada que les permitirá bailar sobre las fosas comunes, como hicieron los guardias de las ss en Auschwitz, los degolladores de Pol Pot y los tribunales de adolescentes chinos maravillados con el Gran Timonel.

Afortunadamente, podemos actuar sobre el entorno que actúa sobre nosotros. Todo lo que tenemos que hacer es proporcionar un entorno seguro a los niños que les permita el placer de explorar. Les ofreceremos varias figuras de apego para enseñarles a amar de distintas maneras. Abriremos sus mentes enseñándoles idiomas diferentes, formas de pensar diferentes y a explorar culturas diferentes.

Tenemos herramientas para actuar sobre la realidad que actúa sobre nosotros. Es un grado de libertad y, por tanto, de responsabilidad.

g